해설 금강삼매경

해설 금강삼매경

수 數 경으로 읽는 공사상

우승택 저

불교시대사

1% 나눔의 기쁨

　불교의 가르침은 삼천대천세계를 담고도 남을 만큼 크고도 너무 크다. 금융기관에 있으면서 아주 큰 사업제안을 받으면 그 사람이 사기꾼처럼 보였다.

　그런데 부처님은 불자들에게 어마무시하게 큰 과제를 주신다.

　일체 중생을 다 제도하라는 과제다 그래서 많은 불자들이 그렇게 '사홍서원'을 매일 봉창한다. 그런데 그 말이 전부 구업이 된 불자들이 많다. 하지도 않고, 할 생각도 없고, 할 엄두도 낼 수 없는 입에 발린 소리라는 것이다.

　그 많은 팔만대장경의 가르침 중에서도 가장 큰 가르침은 『대방광불화엄경』이다.

　왜 원효 스님은 『금강삼매경론』을 자신이 이생의 몸을 가지고 계신 마지막 과제로 여기셨을까?

　당신의 『화엄경소』가지고도 부족하셨을까? 당신은 충분했을 것이다. 그러나 다른 이웃 중생들이 『화엄경』의 바다에서 마음껏 자신의 잠자는 부처를 깨워 보현행을 하기에는 무리라고 생각하셨을 것 같다.

　그래서 『금강삼매경』의 '론'을 저술하시고 금생의 몸을 놓으신 것 같다. 『금강삼매경』은 『화엄경』 계통의 경전은 아니다 그러나 '화엄삼매'와 '해인삼매'의 바다에서 사주와 운명을 뛰어넘어, 성품이 참본질로 대보리를 이루어 보현행을 할 수 있는 디딤돌로 혹은『화엄경』이라는 보배의 동굴에 들어가는 패스워드로『금강삼매경』을 세상에 놓고 가셨다.

2022년부터 2023년 동안거 120일 하면서 하루하루 적어간 글들이다 아무쪼록 불자들이 금생에 받은 몸으로 하시고자 하는 바를 시작하시려면 '돈'이 필요할 것이다

그 돈은 삼매 그 중에서도 금강삼매의 힘을 납득해, 자기 것으로 만들면 된다고 생각했다. 삼매는 존재하는 것이 존재하지 않는 것이라는 다시 말해서 '색'이 '공'임을 아는 것을 말하며 그 공임을 알면서도 색처럼 다루는 것을 말한다.

이렇게 하는 것이 금강경 제8분「의법출생분」의 가르침이며 이렇게 해서 생기는 복이 금강경 제11분 무위복의 대승리라는「무위복승분」이다. 원효 스님의 바람대로『금강삼매경』으로 하나하나 생각하는 힘을 길러보자.

득우자 우승택 올림

목차

Part 2 · 문제에서 벗어나는 방법 ✽ 본각리품

Part 3 · 문제에서 벗어나는 방법 * 입실제품

Part 4 · 생활에의 실제적 적용 * 진성공품

Part 7 · 금강삼매경의 효용 ✻ 지경공덕품

Part *1*

문제를
제기하시며

❋ 서품
❋ 무상법품

태어남이 (1)이고 죽음이 (0)이라구? – 1

이와 같이 나는 들었다. 한때 부처님께서 왕사위대성의 기사굴산에서 수행자 1만여 명과 함께 계실 때였다. 그들은 모두 '모든 법(法)이 공(空)'이라는 모든 존재의 실상을 깨우친 '아라한 도'를 얻은 분들이었으니, 그 이름은 사리불, 대목건련, 수보리 같은 분들로서 그와 같이 1만여 명이 모두 인간으로서의 욕심과 두려움을 모두 초월한 아라한 경지에 오른 분들이었다.

또한 보살마하살 2천여 명이 함께 계셨는데 이 보살이라함은 모든 것이 공(空)이지만, 그 공속에 공(空)아닌, 묘한 작용이 있음을 알고, '빈 호두인 줄 알면서도 호두를 깨어 사람들을 먹이려는 공(空)' 임에도 불구하고 공(空)을 다루고 만질 줄 아는 대보살들이었다.
그 이름은 해탈(解脫) 보살, 심왕(心王) 보살, 무주(無住) 보살 등으로서 이와 같은 공(空)임에도 불구하고, 공(空)을 다루고 만질 줄 아는 존재의 실상과 법계의 살림살이를 만질 줄 아는 대보살들이었다.

다시 장자 8만여 명도 함께 계셨는데, 이들은 법계의 이치를 물질 세상에 적용하여 하늘의 재물인 돈을 다루고 만질 줄을 알아 그 돈으로 세상과 사람들과 일체 생명들을 돌보는 존재들인데 이름은 범행(梵行) 장자, 대범행 장자, 수제 장자 등으로서 모두 그와 같은 비물질, 물질세계를 두루 관장하는 백만, 억만 장자들이었다.

또한 하늘 · 용 · 야차 · 건달바 · 아수라 · 가루라 · 긴나라 · 마후라가 그리고 사람인 듯 아닌 듯한 존재인, 보이지 않는 세계의 60만억 무리가 있었는데, 이들 무리들은 모든 생명들에게 도움과 시련을 주어, 모든 생명들이 장자가 되고 아라한이 되고 자기 내면의 부처, 내면의 하느님을 깨워, 몸 받아 태어난 바를 이룰 수 있도록 보조하는 이들이었다.
그들이 모두 존재의 실상을 전해주는 부처님의 『금강삼매경』 법회 회상에 있었던 것이다.

회상 『금강삼매경』은 운명을 뛰어넘는 방법을 아주 세밀하게 가르쳐주는 경전이다. 사람들은 자신들이 업의 매트릭스에 갇혀 산다는 것을 인정하기 꺼려한다. 자신의 노력이 아무 소용도 없다는 것을 인정하기는 어렵기 때문이다. 그럼에도 불구하고 어느 정도 세상을 살다보면 자신이 무엇인가에 떠밀려 세상을 살아온 것 같다는 느낌이 들기도 한다.
일단 답부터 말하고 시작하겠다. 우리들 몸의 태어남을 숫자 (1)이

라고 생각해보자. 그러면 죽음은 무엇일까? '쟈크 라캉'같은 사람
은 죽음을 (0)으로 보았다. 부처님도 그러셨을까?

태어남이 (1)이고 죽음이 (0)이라구? - 2

그 때 세존께서는 남녀 수행자, 그리고 남녀 일반대중인 사부대중들에게 둘러싸여 그 모임의 자리에 모인 일체의 대중을 위해 '모든 생명들, 생명 요소들과 다 같이 한마음(一心)의 존재임을 가르치는 세상의 운용원리(O/S 시스템)를 설명하는『대승경』을 설하셨다.

그 경의 이름을 '한 가지 맛의 가르침' '사실 너머의 진실의 가르침'이라고 했다. 우리들에게 보여지고, 그렇다고 믿어지는 것들이 사실은 환영과 같음을 가르치는 '상(相) 자체가 없는 것'임을 가르치는 경이었다. 심지어 태어나고 죽는다는 것이 사실은 '밤의 꿈속에 모든 것처럼 꿈을 깨고 나면 사실은 없는 것'과 같다는 말이다.

'나는 언제 태어나 언젠가는 죽는 유한 존재'라고 알고 있는 그 자체가 태어남이 없는 것이라는 가르침으로, 모든 존재의 생각과 행동을 결정하는 주체가 우리가 알고 있는 우리 자신이 아니라는 것이다. 그리고 그렇게 우리라고 여겨지는 것들의 몸, 생각, 행동 등 모든 것이 인연과 인연의 공간적 시간적 결합체인 공(空)이지만, 그 공속에 공 아닌 이치가 있어서 어떤 작용이 있는 공(空)이기에 실질적 존재라는 가르침이었다.

또한 일체만법이 모두 청청한 '세상만사 일각소현(一覺所現)의 그 각의 바다' 자리에서, 모든 생명 요소들의 실질적 이익을 위한 가르침이라고 하셨다.

부처님께서 말씀하시길, 만일 이 모든 법의 운용원리를 듣거나, 혹은 이 가르침의 핵심요소인 4 구절 게송만을 마음으로 심득(心得)하여 받아 지녀도 이 사람은 곧 부처와 같은 깨달음 지혜의 경지에 들어가 여러 가지 수단과 방법, 즉 각각의 존재에게 맞는 편리한 방법으로 일체 모든 생명존재들을 교화할 수 있을 것이며, 일체 모든 생명존재들을 위한 위대한 스승이 되리라고 하셨다.

부처님께서는 이 '하늘의 운용원리'를 말씀하신 뒤, 가부좌(跏趺坐)를 틀고 앉으셔서는 즉각 보석과 같은 금강의 무념무상의 금강삼매(金剛三昧)에 들어가시어 몸과 마음이 외부요인들에 의해 움직이지 않는 '부동의 경지' 에 들으셨다.

회상 사마천(司馬遷). 그는 동아시아 역사학의 창조자이자 역사왜곡의 주범이기도 한데, 특히 한국 역사에는 막대한 피해를 주신 분이기도 하지만 그래도 사람과 돈에 대해서는 (O/S 시스템) 아주 깔끔히 정리해 둔 분이시다.

"貧富之道 (빈부지도), 莫之奪予 (막지탈여), 巧者有餘 (교자유여), 拙者不足 (졸자부족)." 우리는 가난함과 부유함은 부모가 혹은 세상이 어떤 사람에게는 그 돈을 주고, 어떤 사람에게는 그 돈을 주지 않거나 도리어 빼앗아 가서, 빈자(貧者)와 부자(富者)가 있다고 믿고 있지만, 사실은 그런 게 아니라는 것이다.

오랫동안 부처님 입장에서 사마천 할아버지의 저 가르침을 고민했다. 부자로 사는 길과 가난하게 사는 길이 정해져있는 것이 아닌 것은 맞다. 그런데 교자(巧者), 졸자(拙者)를 나는 정확히 알고 있는 것일까? 정교하게 아는 것과 치졸하게 아는 근본적 차이는 무엇일까? 그 차이는 죽으면 아무것도 없는 것이야! 라고 믿는 태어남이 (1)이고 죽음이 (0)이라는 견해다.

불교 교학에서 법(法)이라는 말과 존재(存在)라는 말은 같은 의미를 갖고 있다. 그러나 그 법과 존재는 일반인들이 알고 있는 것과는 의미와 깊이가 다르다. 불교에서 모든 존재는 그 실체가 없는 것이라고 부처님은 말씀하신다. 즉 태어남이 (1)인 것은 맞다. 그러나 불교에서의 죽음은 (0)이 아닌 (-1) 이다. 또한 태어남의 (1)은 그 사람의 허상의 생각 (Imaginary Belief)에서 나온 믿음이라는 것이다. 수학기호로 표현하면 복소수 배울 때 필요했던 허수 (i^1)와 같다. 즉 부처님은 허망한 생각 4번 즉 ($i^4=1$) 이라는 것이다. 4번의 허망한 생각으로 만들어진 믿음이 바로 아상, 인상, 중생상, 수자상 이라고 해석해도 좋을 것 같다. 죽음도 마찬가지다 그 허망한 (1)이 (-1)이 되는데 기억하시는 분들도 있겠지만, 죽은 다음에도 허망한 생각을 2번하는데 그 수학 기호는 ($i^2=-1$)이다. '내가 죽었다'라는 허망한 생각과 '어? 나는 죽었는데 육신의 몸만 없지 다른 몸이 생겼네!'라는 죽은 다음에 귀신이 되어서도 자기가 있다고 믿는 것이다.

그렇게 (i^1 i^2 i^3 i^4 i^5.... i^∞)로 태어남이 무엇인지 모르고 그렇게 윤회를 한다는 것이다.

불교인들에게는 이것이 삶과 죽음이라는 생멸(生滅)의 정체를 정교하게 아는 교자와 졸자가 나누어지는 분수령이 된다. 그래야 공(空)임에도 불구하고 작용이 일어나는 원리가 있다. 그것이 법계의 살림살이다.

태어남이 (1)이고 죽음이 (0)이라구? - 3

그 때 『금강삼매경』이 설해지던 자리에 동참한 대중 가운데 아가타 (阿伽佗)라는 비구가 있었는데 자리에서 일어나 합장하고 꿇어앉아서 부처님이 『금강삼매경』을 설하신 낙처를 거듭 밝히고자 게송으로 말씀하였다.

자비가득 우리세존 장애없고 걸림없는
무애지혜 통득하서 모든생명 무명중생
모두모두 건지려고 이법회를 하시누나.

부처님의 첫의도로 무명밝혀 지혜광명
우리에게 주시려고 이가르침 주시나니
우리들의 본질맞춰 가르침에 차별없이
소승아닌 대승으로 이가르침 베푸시네.
우리모두 부처이니 허상아닌 실상으로

부처님의 지혜속에 각자삶을 결정하는
삶의결정 원인자를 공도환도 아닌실제
귀한지혜 주시오니 진심진실 귀한법을
어느누가 줄 것인가

어디서도 듣지못할 우리실제 몸의모습
육신아닌 법신몸이 우리실제 몸이란걸
이제모두 알게하셔 해탈하지 못할이가
일체중생 다챙기셔 하나라도 없게하네.
무량보살 각자서원 일체중생 제도하려
무명으로 알지못해 질문조차 할수없는
무명중생 우리위해 질문까지 해주시네

모든법이 알고보면 모든것이 적멸이라
있는듯이 보이지만 알고나면 망념망상
내가나를 속임으로 없는것에 묵여사는
우리들이 스스로가 자기삶을 결정하는
결정지에 들어가서 결정력을 갖게되는
여래지혜 방편으로 우리들도 마땅하게
본래자기 찾게하네.

그럼에도 불구하고 우리모두 삼승아닌

삼세인과 넘어서는 일승으로 대하시네.
어린아이 비위맞춰 거짓방편 사용않고
직접적인 가르침을 한맛으로 주시었네.
오랜가뭄 풀과나무 한순간의 단비내려
각자모두 필요한량 스스로가 받아가듯
일체중생 오성성품 각자그릇 모양크기
각기달라 자기그릇 모양대로 받아가고
어떤이는 크기대로 필요하게 받아쓰네.
한가지의 이가르침 각지중생 삶의 형태
모두모두 빛이나네.

마치한번 큰비내려 일체중생 살아나듯
우리중생 모두모두 금생받은 이몸으로
보리심이 쑥쑥자라 법계살림 운용원리
금강같은 한가지맛 모든존재 법계법을
증득하고 진실임을 고요하고 평안하게
혜를먼저 갖추고서 정에깊이 들게되면
모든의심 모든의혹 칼날같은 가르침에
모두모두 사라지며 일법지인 큰지혜를
우리모두 여래처럼 무명벗고 밝음찾네

회상 2008년인가? 2006년인가? 기억이 가물가물하다. 부산 롯데백화점에서 경제 주식강의를 하고 막 나오는데, 무대 바로 밑에서, 무슨 영화배우같이 생긴 여인이 잠시 시간을 내줄 수 있느냐고 물었다. 서울에 미팅이 있어서 빨리 김해 비행장으로 가야 한다니까, 자기가 공항까지 모셔다 드리면 안 되겠냐고 했다. 감히 청하지는 못했지만 그러면 좋지요 '불감청 고소원'이라고 했다.

그 여인의 궁금함은 의외로 어려웠다. 자기 시아버지는 아주 부자이고 큰 회사 오너이신데 돌아가셨다고 했다. 그래서 자신의 남편이 그 회사를 물려받아야 하는데, 자신의 남편은 하루 종일 명상만 할 뿐 회사나 돈에 일절 관심이 없는 사람이라고 했다. 그래서 시아버지가 며느리에게 회사를 물려주었다는데, 시아버지 유언이 '애야! 할 수 없이 회사를 네가 맡아 운영해야겠다. 그런데 아무도 믿지 마라! 네 자신도 믿지 마라'를 유언으로 남기셨다고 했다. 그런데 "너 자신도 믿지 말라"라는 말이 도대체 무슨 말인지 알 수가 없어서 그것을 알기위해 양산에서 부산까지 나를 만나러 온 것이라고 했다. 지금은 답해 줄 수 있지만 그 때는 답을 드리지 못했다.

우리가 누구인 줄 그렇게 쉽게 안다면, 그 많은 수행자들이 '나는 누구인가?' 화두를 가지고 평생을 허비하지는 않았을테니까 말이다. 나는 그 때 그 여인의 질문에 답을 못해주었던 기억이 난다. 이제 『금강삼매경』을 공부하고 나니 그 답을 해줄 여유가 생긴다. 우

24

리가 알고 있는 우리 자신은 생존(生存)을 위해 산다. 그런데 우리에게는 우리가 잊고 있는 또 다른 내가 있다. '참 나' 라고 해두자! '참 나'는 생존을 위해 살지 않는다. 그 시아버지는 네 자신 (1)이 허망한 (1)이며, 진실은 (0과 1이 원융한 1) 이라는 말을 하시고 싶었을 것이다. (0과 1이 원융한 1)이 자신이라는 것을 아는 것이 『금강삼매경』의 터전이 되는 '해인삼매'의 정각(正覺)의 자리에서 정교하게 아는 우리 자신이기 때문이다.

물 위의 그림자로도 존재하는 법 - 1

그 때에 세존은 삼매로부터 일어나시어 이렇게 말씀을 하셨다. 모든 부처님 지혜의 경지는 세상과 사람과 일체 생명과 비생명 등 모든 존재의 이유가 성립되는 '존재의 실상'에 들어간 것이며, 존재하는 모든 것들에 대한 생의 '결정성'을 지니고 있는 고로, 방편과 신통으로서 모두 그렇다고 보이고 그렇다고 여겨지는 형상이 없는 속에서도 상(相)없는 이익을 얻게 하느니라. 단박에 진실의 바다에 들어가게 하는 일각의 결정적 의미는 처음에는 들어도 이해하기도 어렵고 들어가기도 어렵다.

모든 사람들이 들어서 아는 경계도 아니고, 본다고 알게 되는 그러한 성문, 연각의 2승들이 알고 볼 수 있는 것이 아니요, 오직 모든 것이 공이며 환이며 상이라는 상대적 세계를 넘어 절대세계를 확인한 부처와 보살만이 알 수 있는 것이니라. 그러나 제도할 수 있는 중생에게도 모두 일각의 한 가지 맛(一味)의 가르침으로 설하겠노라.

이 때 해탈 보살이 자리에서 일어나 합장하고 꿇어앉아 부처님께 여쭈었다.

세존이시어, 만일 부처님께서 열반에 드신 뒤에 정법(正法)이 세상에서 사라지고 상법(像法)이 세상에 머무르는 말법시대에 오탁(五濁) 세상의 중생들은 가지가지의 모르면서 쌓아 둔 악업이 많아 욕계, 색계, 무색계의 삼계를 윤회하며 벗어날 때가 없을 것입니다.

바라옵건대 부처님께서는 자비로 후세 중생을 위해 복잡한 맛의 업의 인드라망에 갇힌 무명의 매트릭스를 벗어나, 여래 매트릭스의 한 가지 맛인 일미(一味)의 모든 존재와 세상과 우리들의 운용원리의 결정, 진실을 설하셔서 저희들 중생들로 하여금 스스로 감옥에 들어와 스스로 감옥에 사는 지금 이 순간에서 함께 해탈하도록 하여 주십시오.

부처님께서 말씀하셨다. 선남자여, 그대는 내가 세상에 몸 받아 나온 원인(原因)과 몸 받은 다음에 어떤 결과를 만들어야하는지 그 결과를 물어서 일체 생명을 교화하고자 하며, 저 중생들로 하여금 나와 마찬가지로 금생에 몸 받아 나온 과(果)를 얻게 하려고 짐짓 그렇게 자세히 묻는구나.

그러나 금생에 몸 받아 나온 원인과 금생에 몸 받은 후에 얻어야 하는 결과를 성취해야하는 인간으로서, 금생에 몸 받아 나온 이상, 가장 중요한 그 '일대사'를 설하는 일은 중생들의 생각으로는 헤아릴 수 없는 것이지만, 나 역시 그러한 삶을 수없이 살아왔기에 너희들에 대한 큰 사랑과 그들이 또한 나의 과거 모습이기에 그 연민 때문에 말하지 않을 수 없는 것이니라. 그런 연고로 내가 만일 법계의 실상을 나만 알고 세상에 그들을 위하여 전하여 말하지 않는다면 즉시 인색함과 탐욕에 떨어지리니, 너희들은 한마음으로 자세히 들어라. 너희들을 위해 너희들이 왜 금생에 몸을 받아 나오게 되었는지의 그 출세지인(因)과 너희들도 금생에 받은 몸을 가지고 어떤 결과를 만들어야 하는지 그 출세지과(果)를 알게 하기 위한 해탈하는 법을 설하리라.

선남자여, 만일 너희들도 중생을 교화하고자 한다면 그들은 너희들과 달라 너희들이 주체로서 그들을 교화한다는 생각도 없어야 하고, 그렇다고 교화함이 없다는 생각도 내지 않아야 그들을 위한 교화가 더욱 커지게 되는 것이니라. 『금강경』에서 '일체중생을 제도하였으면서도 나는 한 중생도 제도한 바가 없느니라.'라는 이유가 무엇이겠느냐? 그들은 이미 제도가 필요없는 완벽한 존재인데, 그들이 그것을 모르고 있었다는 말 아니겠느냐? 그러므로 무엇보다도 저 중생들이 지금 자신의 것이라 알고 있는 그 마음과 몸이 '자기 자신'이라는 생각을 여의게 해야 하느니라.

모든 중생들아! 일체의 몸과 마음이 본래 모두 허망한 생각으로 만들어진 '상(相)이며 이미지'이니라. 또한 모든 상과 이미지들의 그 실상(實相)은 자신들의 업(業)이 투사해서 만들어낸 공(空)하고 적멸(寂)한 것이니라. 만일 모든 상(相)이며 이미지들이 자신의 '일체의 몸과 마음'이 공한 것이라는, 공심(空心)을 알게 된다면, 그들은 상(相)과 이미지의 진정한 행위자 The true doer를 정면으로 마주하게 되느니라. 그때부터 그 사람의 마음은 허깨비처럼 변화되지도 아니할 것이며, 허깨비 같은 마음의 환(幻)도 없고, 형태를 바꾸는 화(化)함도 없는 것이라는 바로 그 어떤 것도 '생(生)함이 없다는 이치'를 얻을 것이요, 진정한 행위자의 입장에서 보니 자기가 본래 생(生)함이 없다는 무생(無生)의 그 마음은 변화함이 없이 항상 그대로인 곳에 진정한 행위자인 자기 자신으로 있게 되는 것이니라.

회상 프랑스의 철학자 쟈크 라캉은 이렇게 말했다. (Jacques Lacan, 1901. 4.13~1981. 9. 9).은 이렇게 말했다. **"진실은 중요하지 않다. 없을지도 모른다. 있다고 해도 알 수 없다."** 무생? 쟈크 라캉의 이 사상은 전 세계 진보진영의 공감을 얻어냈고, 한국에서는 그 사상이 더 널리 퍼져있다. 라캉은 정확히 인간의 시작이 '욕망'임을 간파했다. 그 욕망은 (–1)로 수식화 했다. 그리고 (–1)을 (+1)로 채우기 위해 갈망하는 인간을 밝혀내기는 했다. 그리고 그것은 (+1)의 신체적 특징을 가진 남성들이 (–1)의 신체적 특징을 가진 여성들과의 만남에 비유했다. 그것이 죽음이라는 (0)을 당하지 전에 살아서 만들 수 있는 (0)이라는 것이다. 그러니 순간적인 쾌락과 향유가 나쁜 것이 아니라고 했다.

부처님은 말한다. 향유하기 위해서 우리가 몸 받은 것이 아니다. 인간의 몸을 받기도 어렵고, 또한 불법을 만나기도 어렵다. 중생들은 라캉의 말처럼 즐기려고만 하다가 도리어 괴로움에 빠진다. 인간의 몸을 받아 불법을 만난 사람들이 먼저 법계의 진실을 알아, 스스로를 이롭게 하고 다른 사람도 이롭게 하는 것이 금생에 각자가 몸 받아 나온 이유라고 하셨다. 그러면 그 결과를 부처님처럼 만들겠다는 삶의 방향성이 있어야 한다.

한 번은 아이들에게 이렇게 말했다. "얘들아! 만약에 너희들이 직장 상사나 미래 배우자가 될 사람이 꿈이 무엇이냐고 물으면, 저요? 아직 꿈이 없어요!"라고 답을 해라! 그러면 무슨 사람이 꿈도 없어요? 할 것이다. 그때는 무조건 "나의 꿈은 깨달음입니다."라고 답을 해라! 당연히 상대방은 그게 뭔 소리인가? 이 사람 스님 되려고 하나? 라고 혼란스러워 할 것이다. 그러면 이렇게 말해주어라! "깨닫지 못한 상태에서 인생의 목표를 정한들 그 목표가 올바른 것이겠어요? 저는 깨달은 다음에 인생의 목표를 정하려고 해요" 아빠의 진심이다.

무상법품(無相法品) 2-2

물 위의 그림자로도 존재하는 법 - 2

해탈 보살이 부처님께 여쭈었다. 세존이시어, 사람들과 신들의 마음이 그 본성이 본래 없는 데 있는 것처럼 여기는 것이라면 그 공(空)하고 적(寂)한 마음의 주체는 아무런 색깔이나 모양이 없는데 어떻게 닦아서 본래 일미(一味)의 공적한 마음을 얻을 수 있겠습니까? 원하옵건대 부처님께서는 자비로 저희들을 위하여 말씀하여 주십시오.

부처님께서 말씀하셨다. 보살이여, 일체 사람과 신들의 마음의 모습은 본래 근본이 없으며, 본래 근본이 없는 것은 마치 홀로그램과 같아서, 태어남, 혹은 생겨남이라는 '생(生)함'이라는 것이 있을 수가 없느니라. 만일 마음에 생(生)함이 본래부터 없다는 것이라는 것을, 깨달아 알게 된다면 실상은 다 텅 빈 것이라는 공(空)에 들어가나니, 그 모든 공적한 마음의 경지에서 일체 신과 사람의 마음은 그 본성이 본래 청정하고 무위자연의 공적한 것이라는 '마음의 공함'

을 얻게 되느니라. 선남자여, 존재하는 모든 것이 홀로그램 같은 상이라는 것을 알게 된, 그 상(相)이 없는 마음에는 마음이라는 것도 없고, 그 마음이 만들은 나(我)도 없나니 일체의 이 세상에 존재하는 모든 객관세상의 존재법의 모습도 그와 같은 것이니라.

해탈 보살이 부처님께 여쭈었다. 세존이시여, 일체의 사람과 중생들이 마치 상사병이 자기 생각으로 만든 병인 것처럼, 없는데 있다는 생각으로 '나라는 놈'에 사로잡혀 있거나 자기가 고치를 만들어 놓고 자기가 스스로 그 고치에 들어가 번데기처럼 죽고 마는 그러한 '마음이 지어낸 놈'에 사로잡혀 있다면 어떠한 가르침으로 깨닫게 하여 저 사람과 신들이 그 자신의 생각으로 자신의 상사병에 걸린 번뇌의 얽매임에서 벗어나게 하겠습니까?

회상 매년 자신의 생일날 케익도 받고, 미역국도 먹는데 태어남이 본래부터 없는 것이라는 부처님 말씀이나, 불교를 누가 믿을 수 있을까? 그러면 이렇게 생각해보면 어떨까? 〈신외(身外)신(身)〉이라는 말이 있다. '몸 밖의 몸'이라는 말이다. 아무것도 없는 사막에 홀로 있는 사람과 산 좋고 물 좋은 지역에 홀로 사는 사람이 둘이 있다고 하자. 또한 청정한 공기로 가득찬 방 안에 있는 사람과 치명적이지는 않지만 유독가스가 아주 미량이나마 꾸준히 들어오는 방에 있는 사람을 또 생각해보자. 밖의 환경과 그 사람 몸과 마음은 상관이 없을까? 그것이 몸 밖의 몸이다.

편의점에 가면 학생들이 전자레인지에 라면들을 끓여 먹는 것을 자주 본다. 사실 전자레인지에서 나오는 전자파는 음식에 인간 몸의 파장과는 상충되는 유해 전자파가 많다. 그래서 많은 가정들에서 전자레인지를 사용하지 않는다. 한국 특히 서울은 어떤 의미의 거대한 전자레인지와 같다. 온갖 전자파가 촘촘히 채워져 있기 때문이다. 한국의 와이파이 주파수대는 2.4기가 헤르츠와 5기가 헤르츠이다. 한 집안에도 컴퓨터, 노트북, 핸드폰, 태블릿 등 수많은 와이파이가 날아다니고 있다. 실험 결과에 따르면 와이파이가 안 나오는 지역에서 자라는 식물과 동일 조건에서 와이파이가 빽빽이 설치된 지역의 식물은 성장 발육이 현저하게 차이가 났다는 실험 결과가 있다. 또 필자가 즐겨 다니던 경기도 양평의 선방에는 작지만 깨끗한 계곡이 있고, 그 개울에는 가재가 득득거릴 정도로 많은 청정수 1급수 지역이었다. 그런데 전신주가 세워지더니 그 개울의 가재는 한 마리도 남지 않고 다 멸종되었다.

가재의 몸은 내 눈에 보이는 '그 고체'이기만 했을까? 그것이 '몸 밖의 몸'이다.

사람들이 모르는 것이 있다. 자기 몸이 자기 것인 줄 알지만 절대 그렇지 않다. 아버지의 업과 어머니의 업이 눈에 보이지 않은 채 자기 몸을 구성하고 있다. 아버지의 업과 어머니의 업은 내가 어머니 몸속에 들어가기 전에 이미 있는 것이다. 그리고 어머니 배 속에서

3개월이 지났을 때 자신의 업도 합쳐진다. 전부 자신의 생일 날 이전에 작업이 완료된다. 태어남은 진짜 태어남이 아니라 착각이다. 몸이 자신이라는 것은 자신의 생각으로 그렇다고 알게 되는 상사병이다. 상사병이란, 생각으로 만든 병이다. 깨닫지 못한 모든 사람들의 생각은 망념(妄念)이다. 자기 그림자를 보고 자기가 감정을 주입하기에 망념이라고 하는 것이다. 그런데 모든 인간들 심지어 신들도 사실 상사병 환자다.

물 위의 그림자로도 존재하는 법 - 3

부처님께서 말씀하셨다.

선남자여, 만일 '나라는 고정불변의 존재'가 있다고 생각하는 사람이라면, 그는 무명(無明)으로 시작하는 12인연을 관찰하게 하여라. 12인연에서 '연(緣)'은 본래 '에너지'는 없고, '정보'만 있던 것인데, 무시이래의 업(業)의 인과(因果)에서 발생한 것이며, 여기서 인과라고 말은 하지만, 그 인(因) 역시 '진실한 인(因)'이 아닌, 허망한 정보를 실체로 하는, 허망한 인(因)이니라.

사람들은 인연(因緣)을 인과 연으로 알고 있지만, 그들이 '인'이라고 알고 있는 것 자체가 밝지 못한 그들의 생각인 무명의 상태에서 '인'이라고 부르는 것일 뿐, 그것 역시 '연'이니라. 그러므로 그 모든 인과 연으로 이루어진 정보의 원인과 결과는 '마음이 지어낸 놈'의 행(行)이 그들의 세세생생 숙업(宿業)을 따라, 일어나면서 에너지를 부여하며 시작되는 것이니라. 그러나 마음도 오히려 있지 않고, 정보만 있을 뿐 에너지는 본래 없는 놈의 환상인데 어찌 그 환(幻)같은 마음이 업연(業緣)을 반연해 만든 몸이 확정된 몸이 될 수 있겠느냐?

만일 '나라는 놈'이 있다고 생각하는 사람이면, 그 무명의 생각이 그릇된 에너지를 부은 것이므로, 그에게는 '있다고 여기는 그 견해'를 없애게 할 것이요, 만일 '나라는 놈'이 없다고 생각하는 사람이면, 그는 없다는 생각으로, 허망한 정보에 에너지를 부여하고 있는 것이기에 그에게는 '없다고 여기는 그 견해'를 없애게 해야 하리라.

만일 마음이 없던 것이 생(生)했다고 생각하는 자라면, 역시 그 생각 역시 에너지가 되어버리니 그 견해를 멸(滅)할 수 있도록 '멸의 성품'을 보여주고, 만일 마음이 있던 것이 멸했다고 생각하는 사람이라도, 역시 그 생각이 에너지가 되어버리니 그 견해도 멸하여 '생함의 성품'이 있음을 보게 하여라.

생각에너지를 주지 않음으로 그런 모든 견해를 '멸'하게 하는 것이 자신의 근본바탕을 보았다는 '견성(見性)'을 했다고 하는 것이요, 그렇게 하여 바로, 모든 존재의 실상인 '실제'에 들어가는 것이니라. 왜냐하면 본래 '생겨있음' 즉 부모가 생기기 이전의 '그 어떤 것'이 '너의 본모습'이기 때문이니라. 생일날로 부터 존재하는 '그 어떤 것'이 '너의 본모습'이라면, '소멸'하지 않을 것이고 본래 아무것도

36

없었다면 '생'하지도 않았을 것이고, 소멸하지도 않을 것이었으리라. 그래서 불생불멸(不生不滅)이라 하여 생하지도 않고 소멸하지도 않는 것이 눈에 보이지 않지만 있다고 하는 것이니라. 그대여! 중생들이 생각하는 모든 존재와 일들은 일체의 모든 법이 다 사실은 그와 같이 '허깨비 같은 업 정보'에 생각이라는 에너지가 모였다가 흩어지는 것뿐이니라.

회상 가수 이선희의 『인연』은 참으로 애절한 노랫말과 리듬을 우리에게 전해준다. 그런데, 사람들은 인연이라는 것을 알까? 일찍이 석가세존은 사람들이 말하는 '인(囚)'이 인이 아닌 그 이전, 이전, 이전 생들의 그 어디서부터 이어지는 또 하나의 '연(緣)'이 생기할 것일 뿐, 인이 아니라고 해서, 12연기를 주창했다. 그러면 우리가 태어났다. 생겨났다! 라고 믿는 최초의 '인(囚)'은 도대체 어디서 시작된 것인가? 그것은 부처님 자신이 알고 싶었던 수행의 시작이기도 했다.

《부처님 오도송》의 욕망

태어남이 무엇일지 몰라
다생 동안 윤회에 헤메일 때
집 짓는 자를 찾을 수 없어
나는 수없이 다시 태어나야 했고

나는 너를 알지 못했노라

그러나 나는 이제 너의 정체를 알아
너의 집은 부서지고
기둥들도 무너지고 서까래와 대들보도
모두 해체 되었으니
너는 다시 집을 짓지 못하리라!

집짓는 자여
너의 이름은 '욕망'이었노라.

무명의 시작, 우리 윤회의 주범인 12연기의 원인지는 '욕망' 임을
발견했다. 그것이 부처님의 첫 깨달음 이었다. 즉 태어남의 시작과
존재의 양상은 고정된 상(相)이 아니라, 항상 변하는 욕망임을 깨달
으셨던 것이다. – 그것이 무상법이다.

무상법품(無相法品) 2-4

심외무법

묻습니다 > 존자시여, 그렇다면, 저 사람과 일체 신들이 그 어떤 것도 '생'함이 없는 '불생불멸' 하는 곳에 머무르게 하는 것이 '무생의 시공간'에 자신을 두는 것입니까?

답한다 > '무생의 시공간' 즉 '생'함이 없는 '불생불멸' 하는 곳에 너희들이 머무른다면 그것도 '제한된 시공간'에 머무르는 것이 되느니라. 불생불멸의 자리라는 것은 마음이 눈앞에 나타난 대상이 실체가 없는 것이라는 것을 알고, 그 대상에 응하여 자신의 생각을 발생시키지 않는 것임을 말하느니라. 밖의 대상이 실체가 없는 공이기에, 안의 마음이 그 실체를 알아 한 생각도 일으키지 않는 것! 그것이 밖으로 구하지도 않고, 안으로 마음이 생하지도 않는 즉 생각이나 감정의 '생'함이 없는 '불생불멸의 자리'에 있게 되는 것이니라.

또 답하노니 해탈이여, 만일 어떤 사람과 신들이 '무생'을 자신의 생각으로 규정한 후, 그곳에서 무엇이 '생'하게 하려 한다면 그것은 '생함'으로 '생함이 없는 것'을 없애려는 격이 되는 것이니, "나는 이제 생함이 없다!" 라는 그 생각마저 놓아 버려야하는 것이니라. 그렇게 자신의 생각과 인지함으로 규정되는 '생함'과 '멸함'이 함께 없어져야 진정한 불생불멸의 경지가 생하게 되는 것이니라. 진정한 우리 마음은 항상 텅 비어 있고, 고요하며, 나아가 그 공적함에 도 머물지 않는 것이니, 어떠한 마음에도 머무름이 없어야, 바로 '생함이 없는 무생' 즉 '불생불멸의 시공간'의 이치를 알게 되는 것이니라.

묻습니다 > 존자시여! 마음이 어디에도 머무름이 없다면 어떻게 마음을 닦고 공부해야 하는 것입니까? 우리는 앞으로 배울 것이 있다는 것입니까, 배울 것이 없다는 것입니까?

답한다 > 해탈이여, 생함이 없는 '무생지심' 다시 말해 '무생의 시공간' 의 마음은 그러한 장소나 경지가 따로 있어서 마음이 그곳으로 들어가고 나가는 것이 아니니라. 본래의 여래장(如來藏)이라고 내가 말하는 곳은 모든 것을 창조하는 무변허공 대우주여서 본 성품이 고요하여 움직이지 않기 때문에 그 경지에 가기 위해 배울 것이 있다는 것도 아니고 그 경지로부터 배울 것이 없다는 것도 아니니라. 배울 필요가 있다는 것도, 배울 필요가 없다는 것도 없는 것! 그래서 자신이 '무아(無我)'가 되어 모든 것을 창조하는 무변허공 대

우주와 같은 시공간의 영역에 같이 녹아들어가는 것. 그러나 하나
도 아니고 그렇다고 대우주와 둘도 아닌 것. 그래서 불이(不二)라고
하는 것이니라. 그것이 바로 내가 말하는 무학(無學)의 본질이며,
결국 애써 배울 것은 없는 것이지만 그렇다고 안 배우고 그냥 있어
도 된다는 것은 아니라는 것이 곧 너희들 인간과 신들이 배울 바!
이니라.

회상 사업을 하는 친구인데, 무슨 사연인지는 몰라도 동업을 하는
사람의 통장으로 돈을 받기로 했다고 했다. 그런데 그 동업자가
돈을 주지 않는다는 것이다. 그렇게 몇 달이 지나고 달래고 겁주
고 사정을 해도 그 사람은 자신이 90%를 갖고 10%만 주겠다고
하는 것 같았다. 친구에게 무생지심을 가르쳐주기로 마음먹고 이
렇게 말했다.

"학교 다닐 때 배운 최소 공배수와 최대 공약수 기억나?"
"그냥 이름만 알지"
"그럼 소수(素數)- 자신의 수와 1이외에는 나누어지지 않는 수. 그
소수는 기억나?"
"응. 알아."
"너하고 나하고는 동창이고, 미래의 희망도 같아서, 가장 가까운
과거로 돌아가 최대 공약수도 얻을 수 있었고, 미래를 도모하며 가
장 가까운 장래의 최소 공배수도 정 할 수 있었지. 거기서부터 복리

로 증대시키며 가면되니까."

그런데 소수인 그 친구하고 너하고 최대 공약수 최소 공배수를 구할 수 있을까?
예를 들어 (7)인 그 친구하고 (8)인 너하고 (6)인 나하고를 생각해보자.
(8)하고 (6)의 최대 공약수는 (2)이겠지. 그리고 최소 공배수 $2 \times 4 \times 3$ 인 24 이겠지?

그런데 (8)인 너하고 (7)인 그 친구하고는 어느 수가 최대 공약수이고 어느 수가 최소 공배수일까?

없지. 답이 없어. 그 친구 정말 소수 같은 친구야. 생각해보면 사회에는 정말 소수 같은 녀석들 많아. 소시오패스나 싸이코패스들 자기 고집에 묶여사는 놈들.

나는 그에게 부처님 방법을 가르쳐주었다.
사람들은 어리석어! 너도 같아. 너는 너 자신을 (8)이라고 생각하지만 부처님 안목으로 너는 '0의 흰자위 속에 8이라는 노른자'와 같은 존재야. 네가 말하는 그 죽일 놈도 부처님이 보시기에는 그래! 소수(素數)같은 친구 맞아! 그러나 그 친구도 네가 생각하는 (7)이 아니야. 부처님을 그를 '0의 흰자위 속에 7이라는 노른자'를 가진 아직 닭이 되지 못한 계란으로 보시는 거야.

그럼 너하고 그 친구의 최대 공약수와 최소 공배수는 뭘까? 어느 수를 공동으로 갖고 있는거지?

(0) ?

응. 맞어. 그러나 너는 그래도 네 자신이 (8)인 것도 알고, 또 불지견이라고 하는데 네가 그래도 절에 다니며 복도 지어서 네 자신의 실상이 '0 의 흰자위 속에 8이라는 노른자'라는 것도 알지만 그 친구는 절대 모르지.

그럼 어떻게 해야 해? 어떻게 그 친구 (7)을 움직일 수 있냐고?

간단해! (8)은 상(相)이야. 그러나 그 친구는 (7)이 상(相)인지 몰라. 네 생각을 포기해 (8)이 일으키는 모든 생각이야 당연히 일어나지, 그러나 그 (8)을 따라가지는 말아! 그러면 너의 (0)이 힘을 받아서 그의 (0)과 인연이 일어나지. 그리고 그의 (0)이 그의 (7)을 바꾸게 될 꺼야.
'에이 이러지 말자, 그냥 줄 것 주고 빨리 끝내자!' 그런 생각을 하게 될꺼야.
이 가르침이 자신이 '무아(無我)'가 되어 우주적 힘을 쓰는 방법이고, (0)의 힘을 이렇게 쓸 줄 아는 것이 무학(無學)의 본질이다. 그래서 (0)은 누구나 본래 지니고 있는 것이기에, (0)을 결국 애써 배울 것은 없는 것이지만 그렇다고 안 배우고 그냥 있어도 된다는 것은 아니라는 것이 부처님의 말씀인 것이다. (6)이니, (7)이니, (8)이니 하는 것 심지어 소수적 인간이라고 하는 것도 모두 없는데 있는 상인 것이다. '0의 흰자위 속에 노른자' (6.7.8)이라는 상이 그 정체가 없는 것임을 모르는 것, 이 알을 깨고 나오지 못한 존재들이며 '0 의 흰자위 속에 (6.7.8) 이라는 노른자의 정체'를 알고 알을 깨고 나와 높은 하늘로 비상할 준비를 하며 '나와 상대방 속의 0'을 알고 대하는 것이 무생(無生)행이다

해는 저물어 가는데 갈 길은 멀다.

8

무상법품(無相法品) 2-5

'이법(理法)'과 '사법(事法)'

묻습니다 > 존자시여, 그렇다면 우리의 여래장은, 내 안의 하느님은 내 안의 부처님은 어찌하여 그 본 '성품'이 고요하여 움직이지 않는 것이라고 하시는 것입니까?

답한다 > 존자께서 말씀하셨다. '여래장'이란 The True Doer 진정한 행위자의 모든 능력을 함유하고 있는 내 안의 부처님, 내 안의 하느님의 모든 것을 일컫는 말이니라. 진정한 행위자가 운용하는 사람과 신들의 몸과 마음은 생각의 주체이니라. 이것을 모르는 신들과 인간들은 자신이 생각한다고 여기며, 생기고 소멸하는 분별 망상의 상(相)과 같이 있기는 하지만, 자신은 자신의 작동하는 이치를 숨겨 드러나지 않으며 단지 그러한 채로 있는 것이기에 이 여래장의 바탕은 마치 '0 의 흰자위'처럼 그 본성, 그 성품은 고요하여 움직이지 않는다고 하는 것이니라.

묻습니다 > 존자시여, 저희들은 사람이 분별을 잘해야 한다고 배웠는데, 여래장은 분별심을 망상심이라고 하시니, 우리 인간과 신들의 어떤 생각이 생기고 소멸하는 분별 망상이라 하시는 것입니까?

답한다 > 해탈이여! 이 우주법계의 에너지장인 여래장의 '이법(理法)'에는 옳고 그른 것이 없느니라. 마치 바다처럼 모든 것을 통섭해 받아들일 뿐이니라, 만일 여래장의 'O/S 시스템' 이름 하여 '이법'이 현상계의 'O/S 시스템'인 이름 하여, '사법(事法)'처럼 옳고 그른 것이 있다면, 바로 여러 가지의 생각이 발생하게 될 것이며, 그들의 천 가지 생각 만 가지 분별은 그와 같은 생멸(生滅)의 모습인 상(相)을 나타내게 될 것이니라.

그러나 여래장의 본 성품을 관(觀)해보면 여래장을 운영하는 법계의 'O/S 시스템' 이름 하여 '여래장의 이법'은 스스로 이미 충족되어 있지만 만약 사람들이 천 가지 생각과 만 가지 분별 속으로 빨려 들어가면 사실의 현상계가 아닌 진실의 'O/S 시스템' 즉 '여래장의 이법'의 도리에 유익함을 얻지 못하게 되어 부질없이 정신만 소란하게 되고 본각의 이익을 잃게 되는 존재이니라.

그러나 만일 생각하고 분별함(思慮)만 없다면 '생'하고 '멸'함이 없어서 여래장의 이로움과 여실하게 되어 '생멸'이 일어나지 않게 되나니, 모든 식(識)이 안정되어 고요해지며, 인식, 의식, 지식 등의 무명에서 시작한 식(識)의 흐름이 생기지 않으며, 색(色), 수(受), 상(想), 행(行), 식(識) 오법이 청정하게 되리니, 이것을 소위 '대승'이라 하느니라.

해탈이여, 그렇게 오온(五蘊)이 모두 개(皆)공(空)해지는 청정한 법에 들어가게 되면 사람들과 신들의 마음에는 바로 망령됨이 없어지게 되며 만일 그 모든 망령됨이 없어지고 나면 우리들 각자 내 안의 여래가 스스로 깨닫게 되는 성스러운 지혜의 경지에 들어가게 되는 것이니라. 지혜의 경지에 들어가면 일체가 본래부터 생(生)함이 없었다는 것을 잘 알게 되며, 본래 생(生)함이 없었는데 잠시 스스로의 안목에 선입견과 편견에 의해 여태껏 그렇게 보였을 뿐이다. 라는 것을 알면 모든 망령된 생각이 없어지게 될 것이니라.

회상 사람들은 계란이 완전식품이라고 하며 거의 매일 먹는다. 계란의 흰자와 노른자는 따로 존재하는 것이 아니다. 항상 같이 있다. 자신에게 닥친 일이 '0의 흰자와 1.2.3.4.5.6.7.8.9....의 노른자'와 같은 존재라는 것을 볼 줄 모른다. 고대 동양에서는 하늘을 계산할 때는 십진법(十進法)을 사용했으나 땅의 사물 과 시간을 계산할 때는 12진법을 시용했다. 하늘의 O/S 시스템과 땅의 O/S 시스템이 다른 것을 알았다. 서양의 문화와 기독교도 마찬가지였다. 그들도 0.1.2.3.4.5.6.7.8.9 의 열 개의 십진법을 시용했다. 그러나 문제가 있었다. 열 개의 십진법으로는 하늘과 땅을 통괄하는 법계의 오퍼레이션 시스템을 표현 할 수 없었다. 그래서 동양과 서양이 공히 가로로 서있는 (1)을 세로의 (1)과 합해서 하늘과 땅의 총합체인 법계의 수 십(十)을 완전수로 사용했던 것이다.

이 방법이 하늘의 세계, 물질의 세계인 땅의 세계 그리고 인간의 세계에서의 일을 다루고 만지고 처리하는 인간 세상의 계산법인 사법(事法)이었다. 그러나 하늘의 계산법인 법계는 여래장의 이법(理法)으로 일을 한다. (이법(理法)이라는 0과 사법(事法)의 1.2.3.4..9)를 넘어 사법의 (0)을 가지고 100,000,000억 10억 1000억이라는 봉황으로 날아오른 것이다. 사법의 알을 깨고. 그것이 여래장의 이법이다.

9

무상법품(無相法品) 2-6

신명(身命)과 혜명(慧命)

묻습니다 > 존자시여! 어떤 허망하고 망령된 생각이 다 없어진 사람이나 신(神)들은 당연히 내려놓거나 쉬어야 할 것도 모두 없어지겠군요.

답한다 > 해탈이여! 망령된 생각은 본래 근본이 없는 허깨비처럼, 본래 '생'한 것이 아니기에, 당연히 '방하착' 한다거나, 그쳐야 할 생각도 없어지게 되느니라. 마음에 '마음이 지어낸 모든 것들'이, 그 실체가 본래 없는 홀로그램같이 있는 듯하지만, 없는 것이기에, 마치 어제 밤의 꿈속에 모든 일이 마치 꿈을 깨고 나면, 사실은 아무것도 없던 것임을 알게 된 사람과 같으니라. 다시 말해 우리 눈앞에 펼쳐진 세상의 실상은 자기 마음의 외부 세상에 투사된 것이기에, 그쳐야 할 놈도 없으므로 좋다, 나쁘다, 흉하다, 길하다와 같이 분별할 것도 없는 것임을 알게 되느니라 .

결국 마치 도둑놈이 자기 정체가 드러나면 다시는 같은 장소에 찾아오지 못하듯이 그때에 나타나는 어떤 식(識)도 너의 의식 속에 생기지 않게 되느니라. 그러나 명심해야 할 것은 그쳐야 하고 내려놓아야 할 생(生)함이 없다는 것을 알게 되면, 이것이 바로 그칠 것도, 내려놓을 것도 없다는 것이기는 하지만 그렇다고 노력해서 그칠 것도 없다는 것은 아니니라. 왜냐하면, 마치 의식이 맑아지면 밤에 꿈도 없이, 잠에만 오롯이 들 수 있듯이, 허망은 허망으로 없애야 하기에 그칠 것이 없는 그것마저 그쳐야하기 때문이니라.

회상 이제 열흘 가까이 나는 가만히 앉아 '숨 쉬고 있는 나' 그러나 오만가지 생각이 떠올라 그 생각에 끌려가는 나를 본다. 그런데 그 생각은 태어난 것일까? 죽어 사라지는 것일까? 1년 전에 돌아가신 어머니, 27년 전에 돌아가신 아버지도 생각이 난다. 영혼과 대화가 가능한 분을 세 분 정도 아는데, 어느 날 뜬금없이 당신 아버지께서 당신 제삿날 커피 한 잔 올려달라고 하신단다. 시실 나의 선친은 알코올은 입에도 대지 못하셨다. 그러나 커피는 참 좋아하셨다. 그런데 영(魂)과의 대화가 가능한 분을 통해 아버지가 당신의 생각을 전해오신 것이다. 아버지는 1929년 생(生) 하셨다가 1994년 멸(滅)하신 아버지의 생몰(生沒) 66년은 사실일까? 분명 1994년 돌아가셨는데 지금 제사상에 커피 올라달라는 아버지는 생(生)하셨다가 멸(滅)하셨다는 것이 맞나? 아버지의 생몰(生沒) 66년은 사실이기는 하지만 진실은 아니다.

육신의 신명(身命)은 소멸시효가 다해서 끝이 났지만, 아직 아버지는 〈학생(學生)부군신위〉의 학생이신 것이다. 인간에게는 언젠가 반드시 학생신분을 마치고, 온 법계를 위해서 봉사해야 할 혜명(慧命)이 있다. 유튜브에 보면 종범 스님께서 설하신 '신명과 혜명'이 있는데 잘 듣고 아버님께 공부시켜드려야겠다. 학생신분 마치시도록…

10

무상법품(無相法品) 2-7

허수 허상의 (i)가
꼬리에 꼬리를 물고 윤회를 시킨다

묻습니다 > 존자시여! 만일 그칠 것이 없다, 라는 것마저도 그치라 하시면, '방하착' 해야지! 생각하지 말아야지! 하는 것도 바로 생각이 '생(生)'하는 것이 되니, 어떤 것을 '생함이 없는 것'이라 합니까?

답한다 > 해탈아! 마땅히 생각을 그치려 하는 '그 마음'이 생겨야 하는 것은 맞는 말이다. 그러나 이미 생각이 생기(生起)함을 그치고 나면, 마치 왔던 손님이 돌아가거나, 어젯밤의 꿈이 깨고 나면 다 헛된 것처럼 실상은 그칠 것도 없다고 할 수도 있을 것이다. 그러나 생각하지 말아야지 하는 그 생각도 의도적인 생각이지 않느냐? 그럼으로 그 생각도 끊어진 그 자리에도 머무르지 않아야 하느니라.

왜냐하면 그 자리는 '곳 아닌 곳' 이며, '장소 아닌 장소'이기 때문이니라. 그러나 보살이 빈 호두인 줄 알면서도 호두를 깬다고 하면, 혹은 마치 자상한 엄마 아빠가 가짜 돈인지 알면서도 아들, 딸과 가짜 돈으로 잃고, 벌게 됨을 가르쳐주기 위하여 같이 놀아준다하면 네 생각이 어떠하냐?

생각 없는 그 자리마저 진정한 자리가 아니라는 것을 깨달은 어떤 사람이나 신(神)들이, 머무름이 없음에도 불구하고, 머물며 무위(無爲)의 행위를 하고 있는 것이니, 어떻게 그칠 것이 없다, 라는 것을 알면서도 그치는 그것마저도 생(生)하는 것이라고 할 수 있다는 말이냐?

회상 금강경에서는 (0)을 알고 심지어 (0)을 보는 법을 말한다. 〈약견 제상 비상〉 임을 알면 〈즉견 여래〉! 라고 하셨다. 소수라는 자신과 (1) 이외의 숫자로는 나누어지지 않아서 타인과 공통분모를 찾아낼 수 없는 사람들을 말한다. 소수같은 사람이 아니라고 할지라도, 자신을 (10) 혹은 (8) 혹은 (33)으로 규정하고 있는 사람들이 있다고 하자! 그 (10)이 (10)이 아니고, (8)이 (8)이 아니고 (33)이 (33)이 아님을 아는 것이 약견 제상 비상이다. 그러면 상대방의 여래를 보려면 그리고 자신의 여래를 보려면 어떻게 해야 하는가? 자신이 남이 보기에는 (10)이지만 (0)과 같이 있는 (10)임을 분명히 알고 상대방도 (33)이나 (8)이 아니라 (0)과 같이 있는 (33), (0)과 같이 있는 (8)로 볼 줄 아는 것이다. 이렇게 (0)을 볼 줄 알면 성(性)을 볼 줄 안다고 하고, (0)을 볼 줄 모르면 상(相)에 매인다고 한다.

상에 매이면 온갖 고통과 걱정이 생기기 마련이다. 억울하고 분하고 원망하고 심지어 복수까지 생각한다. 생각과 상의 허수 허상의 (i)가 꼬리에 꼬리를 물고 이렇게 $(i^1 \, i^2 \, i^3 \, i^4 \, i^5 \dots \, i^\infty)$일어나는 것이다. 그러하기에 가수 심수봉의 노래처럼 이제는 생각하지 말아야지 하는 그 생각도 의도적인 생각의 $(i^1 \, i^2 \, i^3 \, i^4 \, i^5 \dots \, i^\infty)$ 라는 것이다. 그렇다고 미련하게 (10)을 없애려고 하고, (8)을 없애려고 하고 (33)을 없애서 만들려고 하는 그 자리에도 머무르지 않아야 한다고 하시는 것이다. 상대방의 (7)이 (8)이 (10)이 (33)이 정체가 없는 것임을 알고 속아주고, 놀아주고 하라는 것이다. 마치 엄마가 아가와 거짓 돈을 가지고 놀아주듯이.

(1)나누기 무한대는 (0 / 1)나누기 (0)은 무한대. 그러므로 (0)과 무한대수는 같다!

묻습니다 > 존자시여, 보살은 왜 마음자체가 공이고 환이며 자기 그림자이기에, '생기한다고는 하나 본래 생함이 없는 마음'이라는 것을 안다고 하시면서 보살들은 어찌하여 취하고 버릴 것이 있으며, 어떠한 'O/S의 작용의 장(場)'에 머무르라는 것입니까?

답한다 > 존자께서 말씀하셨다. 빈 호두인 줄 알면서도 호두를 깬다는 말의 낙처는 본디 '생함이 없는 마음'임을 알기에 (0)의 마음을 생한다고 하는 것이며 그 (0)의 마음은 그 어떤 것도 취할 것도 없고 버릴 것도 없고 마음 아닌 곳, 장소 아닌 장소에 머무르며, 법 아닌 법, O/S 아닌 O/S의 작용 속에 머무르는 것이니라. 이러한 것은 모든 것이 공(空)이지만, 공(空)속에서도 공(空) 아닌 O/S 작동원리가 있기에, 그것을 불공(不空)이라고 하며, 그 '불공(不空) 성취(成就) 부처'를 수행으로 이루라고 하는 것이니라.

회상 불교 교학에서의 법(法)은 눈, 귀, 코, 혀, 몸의 다섯 감각기관이 취합해 온 모든 정보를 인간의 뇌에서 개념을 잡고 소위 '자기 깜냥 즉 나름대로 해석한 뜻'을 말한다. 그래서 세상에 존재하는 모든 일체법이 그 정체가 공(空)이라고 하는 것이다. 공(空)을 비유하면 (0과 같이 존재 하는 정수 1.2.3.4.5.6.7.....9999999) 라는 의미이다. 그런데 사람들이 (0)을 없음으로 알기 때문에 그 착각을 벗어나게 하여 진실을 보게 한 것이 바로 공이라는 개념이다. 그래서 『천부경』에서는 일(一)적 십(十)거 무궤화삼이라고 했다. (1)을 (10)에 담을 수 없었다는 의미이다. 십(十)을 (10)으로 사람들이 인지한 것은 개화이후 신학문인 10진법이 들어오면서 부터이다. 사람들은 모른다. 1,000,000 부자와 100,000,000부자의 차이가 그냥 (0)의 갯수 차이가 아니라 (0)에다가 (0)을 곱할 줄 아는 (10^2) 차이라는 것을.

진짜 (10)은 결코 담을 수 없는 십(十)을 알아야만 그 의미를 아는 몹시 깊은 의미를 담고 있다. 사람들이 아는 (10)은 내일 설명하도록 하자!

12

무상법품(無相法品) 2-9

사주팔자 넘어 돈을 벌고 싶으면
11진법을 알아야했다

묻습니다 > 존자시여, 저희들은 마음을 어디에 두어야 합니까? 도대체 마음 아닌 데에 머무르고, 법 아닌 데에 머무르는 것이라고 하시는 그 자리는 어느 자리인 것입니까?

답한다 > 존자께서 말씀하셨다. 마음에 한 생각도 내지 않는 것이 마음 아닌 데에 머무르는 것이요, 법에 한 생각도 내지 않는 것이 법 아닌 것에 머무르는 것이니라. 선남자여, 안으로는 어떤 마음도 일어나지 않고 귀만 빌려주고, 눈만 빌려주어 무심히 다 받아들이는 것이 마음 아닌 데에 머무르는 것이니라. 어떤 일에도 법에도 너에게 반연된 모든 경계에 비록 원인도 모르고, 이유도 모르지만 내가 아직 알지 못하는 낙처로 내게 다가온 것이라고 이젠 알아야 하느니라.

그렇게 좋다 나쁘다 순경계, 역경계, 종경계, 횡경계를 모두 다 자재하게 섭수하게 되면 카르마가 의지할 것이 없어져 스스로 물러가게 되느니라. 그렇게 모든 의식과 감정의 흐름인 행(行)에도 따라다니며 생각이 생각에 꼬리를 물고 뱅뱅 돌며 머무르지 않는다면, 마음이 항상 공적해져서 어떤 마음의 상(相)도 일절 없게 되느니라.

예를 들면 저 허공은 움직임도 없고 머무름도 없으며, 일어남도 없고 인위적인 조작함도 없으며, 저것도 아니고 이것도 아닌 것처럼, 일체가 '작용만이 있을 뿐, 실체는 허상인 것이구나'라고 명확히 알아야 하느니라. 또한 '보는 작용을 하는 진정한 행위자'의 앵글에서 모든 것을 관할 줄 아는 공(空)한 마음의 눈을 얻고 '보이는 세상의 존재법도 나의 카르마가 카르마의 그림자로 허상으로 나타난 것이구나'라는 것도 명확히 알아야 하느니라.

그동안 확고부동한 물질체로 여겨지던 '보이는 육신의 존재법'의 이치를 확인하면 이른바 '오음(五陰)'이라고 하는 인생에서 겪게 되는 고통의 근원 다섯 가지는 이것이니라.

1. 눈으로 보여 지는 형태와 모양의 색(色),
2. 그 형태에 모양을 각자의 자기 그림자로서 받아들이는 느낌인 수(受),
3. 그 느낌에서 일어나는 생각과 계산법인 상(相),
4. 그리고 취하고 버리고 쫓고 따라다니고 모으고 버리고 등의 바

깔 경계를 쫓아가는 행(行),

5. 그 과정에서 생기는 각자의 인식을 말하는 식(識)

이렇게 다섯 종류의 조건 반사적 다섯 종류의 작동법이 이름 하여 오온(五蘊)덩어리라고 하는 것이다

그러한 오온의 생각 감정 느낌 행동 덩어리를, 자신의 인식체계 속으로 휘어잡아 감아 들어오는 여섯 군데의 출입구인 눈(眼), 귀(耳), 코(鼻), 혀(舌), 몸(身), 의(意)를 '육입'이라고 하느니라. 결국 너는 모든 존재의 실상이 텅 빈 허공처럼 작용만 있고 형태는 없는 공적한 존재였음을 알게 되리라.

회상 ▶ 2000년도에 초등학교 5학년 학생이었으니 지금은 35세의 나이가 되어있을 학생이야기다. 그는 학습지체아로 심리 상담을 받아야 했다. 상담은 지금은 돌아가신 서울대학교 심리학과 교수였던 서봉연 교수였다. 학생과 이런 저런 상담을 한 후 서 교수는 학생 어머니에게 이렇게 말했다.

"아드님은 학습 지체아가 아니라 아주 총명하며 아무런 문제가 없습니다."

학생의 어머니는 기도 안 차는 듯 갑자기 A4 용지를 집어 들더니, 자기 아들에게 물었다.

"야 이거 얼마냐"?

그 문제는 11 + 14 = ? 이었다.

그 초등학교 5학년 아들은 답을 7이라고 적었다.

서 교수는 깜짝 놀랐다. 그래서 학생에게 "애야! 더 하면 많아지는 거니? 적어지는 거니?" 라고 물었다.

학생은 "많아져요" 라고 답했다.

서 교수는 다시 물었다. "애야! 11이 큰 수니? 14가 큰 수니?"

학생은 답했다. "14가 커요"

"그래! 큰 수에다 더 큰 수를 더 했는데 어떻게 7이 나올 수 있어? 다시 해 볼래? 하며, 학생 엄마의 문제를 다시 아들에게 주었다.

물끄러미 바라보던 아들은 "7이 맞는데!" 라고 했다.

한참을 바라보던 서 교수는 학생의 인지체계에 대한 문제를 알아차 렸다. 그리고는 아이에게 말했다.

"얘야! 11이라고 쓸 때 앞의 자리는 1이 아니고 10이야. 그렇게 사람들이 약속을 했어.

자 그럼 11 + 14는 얼마지?"

"10 + 1 + 10 + 4 이니까 25요"

이 아이의 문제는 간단했다. 11의 앞자리와 뒷자리는 (1)이라는 색(色)은 같지만, 10진법을 채택하기로 한 사람들의 약속인 식(識)과 그 아이의 식(識)에서 차이가 났던 것이다.

그 색(色)과 식(識)사이에 받아들이는 수(受)가 달랐고, 생각과 계산법인 상(想)이 달랐고, 문제를 풀어 답을 쫓아가는 행(行)이 달랐던 것이다.

서봉연 교수 말이 지금도 생생하다. 이런 아이를 선생님이 버리고 부모가 버리고 사회가 버린다는 것이다. 단지 계단 올라가다 발목을 삔 것뿐인데. 사람들이 돈을 벌지 못하는 이유도 그렇다. 참고적으로 돈은 10진법으로 벌 수 없다. 사주를 넘어 돈을 벌고 싶다면 11진법을 알아야 한다는 말을 남긴다. 이번 공부 중에 나올 것이다.

13

무상법품(無相法品) 2-10

육바라밀은 하나만 하면 나머지는 저절로 따라오는 것

그래서 다시 답한다 > 선남자여, 그렇게 우리의 신체의 여섯 출입구로 우리의 다섯 가지 감각에 포착되는 것들의 정체를 아는가? 그것들은 모두 자신의 정보처리 기관인 뇌에서 업(業)을 소재로 환(幻)으로 영상(映像)으로 만들어 밖으로 투사한 것이니라. 그 실체가 없는 것을 경계(境界)라고 하는 것이니라. 그 허망한 여섯 경계를 자신의 감각으로 있다고 받아들이고 행동하여 다시 업을 구성하는 행위를 계속해서 만들어가는 것이니라. 그것이 바퀴 돌듯 세세생생 그렇게 돌아가니 윤회라고 하는 것이니라.

그러나 너희들이 그렇게 모든 것이 '공(空)'임을 아는 고'로, 인간과 천상의 모든 법이 공(空)한 법임을 알기에 어느 공간 세계에 다시 몸을 받더라도 이런 계율은 지키고 저런 계율은 안 지켜도 된다. 라는 5계명, 10계명 같은 계상(戒相)에도 머무르지 아니하느니라. 왜냐하면 그의 마음은 이미 아무런 기대, 어떤 대가도 바라지 않고, 일체 마음의 때가 없는 청정함으로 몸의 여섯 가지 출입구로 들어오는 모든 경계를 포섭할 것도 없고 놓아버릴 것도 없다는 것을 알기에 보살은 빈 호두인 줄 알면서도 호두를 깨어 중생들에게 준다고 하느니라.

그렇게 본래의 자기 성품인 (0)의 자리를 지키기에 모든 행위의 주인이 되며, 그 뜻이 고귀해서, 이 실체를 전해주신 스승이신 부처님, 그리고 그것을 금생의 몸 전체로 다시 상속받아 전달해주는 승가의 스님들이라는 삼보(三寶)를 가볍게 다루지 아니하게 하느니라. 그렇게 공심(空心)으로 일체 작용 너머의 부동의 경지가 되면 저절로 육바라밀(六波羅蜜)을 갖추게 되는 것이니라.

회상 바라밀은 건너는 것이다. 필자는 환갑이 지나 인생 재수생임에도 불구하고 여전히 계란 노른자를 좋아한다. 어릴 때 기억을 더듬어보면 집에 닭을 기르고 있었다. 닭이 계란을 낳으면 어머니는 아버지 출근길에 계란 노른자와 참기름과 깨를 넣고 아버지를 드렸다. 나는 아버지가 드시고 남은 계란 흰자위만을 프라이팬에 구워 밥 위에 얹어주신 도시락을 많이 먹었던 기억이 난다. 아마도 누나들은 딸이기 때문에 계란 흰자도 많이 먹지는 못했을 것이다.

나는 색과 공을 계란 노른자와 흰자로 구분하고는 한다. 계란 노른자를 지금도 그리워하듯이 나도 돈과 명예를 좋아했다. 그러나 증권회사나 투자를 할 때도 계란 노른자는 이상하게 항상 내 것이 아니었다. 그러다가 나는 나를 알기 시작했다. 나는 내가 돈과 명예를 가지려고 하는 천명이 아니라, 남에게 돈과 명예를 갖게 해주며 살아야하는 사람이라는 것을.

그리고 그렇게 삶의 방향성을 잡았을 때 나는 온전한 계란을 끊임없이 먹게 된다는 것을 환갑이 지나서 알았다. 노른자를 내가 먹겠다는 그 생각은 깨닫기 전의 나의 운명과 숙명으로는 잘못된 생각이었던 것이다. 흰자와 노른자는 따로 있는 것이 아니고 항상 같이 있는 것이기 때문이다.

계란 흰자는 노른자와 같이 있어야 법계의 작용이 일어난다. 그래서 바라밀은 뗏목이다. 이 뗏목은 자신의 삶의 방향성에서 무엇이 잘못되었는가를 알았을 때 뗏목을 탈 수 있다. 생각해보면 어릴 적에 나는 운명적으로 1.2.3.4..의 세계가 아닌 (0)의 법계를 터득해야만 세상이 보인다는 암시가 있었나보다. 그렇게 생각이 든다. 아마 이『금강삼매경』과 인연이 지어지신 분들도 다들 나와 비슷한 운명과 숙명을 가지고 있을지도 모른다. 물론『금강삼매경』으로〈여래 메트릭스〉를 새로이 구성할 줄을 터득하게 되면 어떤 장애도 없다.

14

무상법품(無相法品) 2-11

상(相)과 어울리지만
상에 어울리지 않는 반야바라밀

묻습니다 > 존자시여! 육바라밀은 모두 각기 다른 마음과 행위의 모습(相)을 지니고 있는데, 상(相)을 가진 6법으로 어찌 1.2.3.4.의 세계를 벗어나, (0)과 (1)이 원융한 법계의 영역에 이를 수 있겠습니까?

답한다 > 선남자여, 내가 설명한 육바라밀은 모습이 있으나, 사실은 모습이 없는 것이다, 빈 호두인줄 알면서 호두를 깨는 것과 같은 무위(無爲)이기 때문이니라. 까닭이 무엇인가?

첫째, 만일 사람이나 천인(天人)들이 '있다'는 욕심의 어리석음을 벗어나면, 마음이 항상 청정하고, 진실한 말과 방편으로 (0)의 자리라는 근본의 이익으로 남들을 이롭게 하나니, 이를 '보시(布施)바라밀'이라 하느니라. '여래의 0과 욕망 1'에서 욕망 (1)이 필요한 자에게 여래의 (0)이 '여래의 0에 필요한 1'을 채우게 되어 있느니라.

본시 바라밀은 재물로서 탐진치의 탐심을 버리어 성불의 힘으로 건너는 뗏목이니라.

둘째, '지계(持戒)바라밀'은 '여래의 0과 욕망 1. 2'에서 나의 욕망 (1)이 욕망 (2)를 밖으로 구하려다가 얻어지지 않는 화나는 마음인 진심을 버리어 성불로 가는 뗏목을 말하느니라.

셋째, '인욕(忍辱)바라밀'은 '여래의 0과 욕망의 1. 2. 3'에서 나의 욕망 (1)이 나의 욕망 (2)를 놓고 타인의 욕망 (3)과 경쟁하는 어리석음의 치심을 버리는 것을 뗏목으로 삼아 성불을 이루는 것을 말함이니라.

넷째, '정진(精進)바라밀'은 내가 있다! 라고 집착하는 아집이 끊임없이 일어날지라도 그 생각의 ($i^{1 \cdot 2 \cdot 3 \cdot 4 \cdot 5 \cdots \infty}$)에서 빠져나와 ($i^0$)으로 돌아가는 일을 꾸준히 하는 것을 뗏목으로 삼아 깨달음에 이루는 것을 말함이니라.

다섯째, '선정(禪定)바라밀'은 (여래의 0)의 자리에 머물며 생각과 마음의 산란함을 버리는 것으로 뗏목을 삼아 강을 건너는 것을 말함이니라.

여섯째, '반야(般若)바라밀'은 (1.2.3... ∞) 도 두려워하지 않으며 피하지도 않느니라. 그러나 그 모든 것들이 허망한 경계의 상(相)임을 분명히 알기에 그 상에 매이는 일이 없느니라. 그렇게 관조하는 힘을 뗏목으로 삼아 해탈의 강을 건너는 바라밀을 말함이니라.

선남자여, 이 육바라밀은 모두 인간과 천인이 대우주의 '본래 깨달아 있음'에서 나오는 이익을 얻어서 모든 존재의 법계의 살림살이를 결정짓는 결정성(決定性)에 들어가 초연하게 '1의 세간을 벗어나니 무한한 0의 바다'로 들어가 모든 이름과 숫자에서 걸림 없이 해탈하게 되느니라.

회상 부처님은 죽음을 해결한다면서 모든 것을 버리고 출가를 했다. 그리고는 깨달았다고 했다. 그런데 부처님은 죽었다. 도대체 어찌된 일인가? 부처님은 죽지 않는 여생의 방법을 찾은 것이 아니었다. 죽음이라고 알려진 것이 죽음이 아니었음을 깨달은 것이었다. 그래서 그는 33천을 다 찾아 헤매며, 비상 비비상천까지 갔더니 거기서 만난 모든 존재들이 죽음을 두려워하고 있다는 것을 알았다. 어떤 하늘신도, 천신도, 제석천왕도, 범천왕도, 구천 응원 뇌성보화천존도, 기독교의 하느님도, 알라신도. 결국 모두 1.2.3.4.5.6.7.8.9 의 구천(九天)의 유한 존재였던 것이다. 이른바 삼계(三界)가 모두 나름대로의 고민과 걱정과 고통의 바다임을 아셨다. 그래서 그는 죽음의 정체를 파악했고, 깨달았다. 『법화경』의 화택의 비유가 바로 그것이었다. 거기에서 나와야 한다. 나오고

나니 할 일이 반야밖에 없었던 것이다. 반야가 이루어지면 나머지 보시, 지계, 인욕, 정진, 선정은 저절로 따라오는 것이다.

무상법품(無相法品) 2-12

수도가 펑펑 나와도
우물을 메우지 않았던 사람

답한다 > 선남자여, 이렇게 (0)의 자리에서 행하는 여섯 가지 바라밀의 해탈법은 모두 모습이 없는 작용이니라. 그렇다고 형상이나 모습 또한 벗어남도 벗어나지 않음도 없나니, 무엇을 해탈이라고 하는가? 구하고 바람이 없는 마음상태를 말함이니라. 그 까닭은 무엇인가?

구하고 바람이 없어도 삶의 방향성인 '금생 몸 가지고 반드시 하고자 하는 서원'이 있으면 그 탐심과 바람이 법계의 작용으로 충족되기 때문이니라. 이것을 '해탈'이라 하느니라. 왜냐하면 해탈의 모습은 행하되 대상이 없는 행이기에 행함이 또한 아니기에 모습도 없고, 작용하되 대상에 대한 작용이 아니니라.

대상이 스스로 반연해 그 흐름을 받아 작용하는 것이기에 작용도 없으며, 움직임도 없고, 혼란함도 없는 것이기에 고요하고 적정한 모든 불이 꺼진 상태라고 하여 구할 것도 없고 바랄 것도 없는 '니르바나' 즉 열반이라고 하느니라. 또 마치 우주가 돌고 지구와 태양이 쉴 새 없이 돌며, 온갖 작용 속에 하나가 되듯이 '열반'이라는 모습마저도 취하여 머물지 않느니라.

회상 1992년 '낙동강 페놀 유출 사건'이라는 것이 있었다. 당시 구미지역의 모든 수돗물을 먹을 수도 없었고, 수돗물 자체가 공급이 중단되었다. 아가들 우유도 끓일 수 없었고, 밥도 커피도 모든 것이 유리병에 담긴 물을 사 먹었다. 오염된 물은 그 물을 화장실에 사용하는 수밖에 없었다. 그 때 구미의 한 중국집에서는 자기만의 우물을 여전히 가지고 있었다. 그 집은 그 우물물을 사람들에게 나누어 주어, 복도 지을 수 있었고, 오직 그 집만이 음식을 팔아 대박 수익을 낼 수 있었다. 그런데 생각해 보면 수돗물의 근원도 그 우물물과 같지 아니하던가?

우물물이나 수돗물이나 그 근원은 '생명 에너지'다. 편하고 싸고 좋다고 먹었던 기계화된 중앙집권식 수돗물. 그러나 수돗물에는 그런 일이 언제라도 생길 수 있다. 그러나 자기만의 우물을 갖고 있는 사람이라면 언제든지 수돗물이라는 문명의 편리성의 그물에서 해탈할 수 있다. 그 우물물은 간혹 건강이기도 하고, 돈이기도 하고, 우리의 온갖 구하고 바라는 것의 원천이기도 하다. 그런데 어찌 '0의 자리'를 찾아 노력하지 않을 수 있다는 말인가? 그 우물물은 바

로 우리의 자가보장이며, 법보장이며, 공덕장이며, 여래장이기 때
문이다. 있는데도 몰라서 안 쓰고 못쓰는 것이다. 우리는 바보다.
참 바보처럼 살아왔고, 그렇게 살고 있는 사람들을 보고 있다.

모두가 상없는 상임을 알고
해탈한 해탈 보살의 게송

모두가 상없는 상임을 알고 해탈한 해탈 보살의 게송

해탈 보살이 이러한 말씀을 듣고 마음으로 크게 기뻐하며 일찍이 없던 가르침을 얻었다 생각하고, 그 뜻을 펼치고자 게송으로 말하였다.

큰깨달음 충족하신 세존께서 중생위해
오직일승 설법하니 2승의길 간곳없네
한맛무상 큰이익은 허공처럼 밝고커서
삼승의불 뛰어넘어 원만불로 받는구나.
그릇따라 받아들임 각기중생 다르지만
공부인들 모두모두 본각이득 쓰게하네.

세존처럼 아집법집 우리들도 다여의면

한가지법 세존처럼 우리들도 지혜로서
일체존재 모든행위 무명아닌 본각광명
그큰이익 마음의칼 내가있다 내가없다
두가지상 그른견해 단한칼로 끊게하여
적정열반 한가지로 취하지도 머물지도
일체집착 않으시고 결정경지 들어가니
모습없고 행도없네.

마음비운 열반적정 이경지를 누가알랴
적멸마음 생김없고 멸함또한 마찬가지
우주법계 온통금강 그바탕과 꼭같아서
빈호두를 알면서도 중생위해 호두깨는
보살들의 보현행을 우리모두 하여보세

일체지를 알고나니 일체의법 본래없고
예를갖춰 따라하던 삼보존중 하던일도
혜를갖고 정에드니 육바라밀 절로되네
이제우리 세존처럼 초연삼계 벗어나되
소승넘어 오직대승 한맛법인 일미의법
오직일심 오직일승 원만불로 살아보세

그 때 대중들이 이 뜻을 설하는 것을 듣고 크게 기뻐하였으며, 여태껏 알고 있던 '나와 세상'이라는 생각이 모두 꿈속의 몽식(夢識)임을 깨고 나서 알게 되었다.

무명에서 깨어나 목전현실이 모두 공하여 상(相)없는 존재였음을 알아, 실상모습인 '무상의 경지'에 들어가게 되니 그 경지의 세상은 광대하고 광활하였으며, 모두 자기 인생의 결정성을 얻게 되니, 여태껏 가지고 있던, 모든 생각으로 오염된 번뇌를 남김없이 끊어 버리게 되었다.

17

무생행품(無生行品) 3-1

능견아(能見我)의 11차원

그 때 심왕(心王) 보살이 부처님께서 지금 말씀해주시는 설법이 삼계를 벗어나는 법계 일체 존재의 실상이라는 것을 알고 자리에서 일어나 손을 모아 합장하고 게송으로 여쭈었다.

여래께서 말씀하신 이세상의 모든것은
우리마음 조작해낸 공상이니 속지마라!
그가르침 일체중생 모든착각 내려놓고
남아있는 번뇌없게 우리고통 없애셨네.

자기생각 자기결박 그속박을 모두끊고,
제법모두 공한것을 해탈하라 하셨으니
이가르침 바로알고 그가르침 행할때면
그자리가 무생임을 우리에게 전하셨네
그럼에도 불구하고 궁금한것 남아있어

세존님께 다시묻길 이가르침 알게된나
새로운나 생했는데 새로운나 있사온데
어찌하여 무생경지 얻는다고 하십니까?

답한다 > 심왕아! '무생의 경지' 다시 말해 어떤 것도 생겨남이 없는
경지라는 가르침은 물론 내가 말한 '무생법'도 본래는 '빈 호두'와 같
은 것이어서 생(生)함이 없는 것이니라. 그러나 일어나고 사라지는
모든 의식의 흐름은 생함이 없는 것이면서도 일어나고 사라지는
'의식의 흐름'마저 없는 것은 아니기에 아무런 생함이 없는 경지를
얻게 되는 경지가 따로 있기는 하지만, 그 경지 또한 곧 허망한 '빈
호두'와 같은 것이기에 없다고 하는 것이니라.

회상 나옹 스님의 깨달음의 계송에는 천도재하는 장면이 나온다.
그중 한 대목은 이렇다.

여보시오 영가님들 이자리에 오시어서
법문듣고 술자시고 가족만나 좋다하는
당신들은 무엇이오 죽은당신 다시나와
이렇게들 좋아하니 죽은당신 산것이요
산당신이 죽은거요 있던육신 없어지고
새몸받은 당신들은 깨닫지도 못한채로
또한여기 있지않소.

76

당신이 이 도리를 알면 얻게 되려면 자기 자신을 볼줄 알아야 한다. 확실하게 당신 자신을 보아야 한다. 능견(能見)아(我)라고 한다. 능히 자신을 보면 10차원에서 한 차원을 더 갖추어 돈도 벌고 출세도 하고 명예도 얻는 11차원에 있게 된다. 그 이유는 시간의 지배자가 되어 1차원을 더 갖게 되기에 '시간을 내 편으로 만들 수 있게 된다!'라는 사실이다.

그렇게 부처님처럼 태어남도 없고 죽음도 없음을 아는 자리 그 자리가 11차원의 시간 차원의 나다! 그 11차원의 나는 여래장에 씨앗을 심는 주체가 된다. 그리고 그 땅에 본각의 꽃이 핀다. '본각화'라고 한다. 그리고는 열매가 열린다. '무연과'라고 한다. 사주팔자가 아닌, 시간과 공간이 없는 곳에서 묘한 꽃이 피어 그 과실을 먹게 된다는 것이다.

18

무생행품(無生行品) 3-2

계산은 하라!
그러나 그 계산결과는 버려라!

묻습니다 > 세존이시여, '아무런 생(生)함이 없다는 경지'를 얻은 것도 허망한 것이라 한다면, 얻을 것도 없고, 그러한 경지마저도 얻음도 허망한 것이라 하시니, 모든 것이 허망하다는 것입니까?

답한다 > 아니니라. 왜냐하면 '아무런 생함도 없다는 경지'도 얻는 것이 그것이 바로 '갖게 되는 것'이니라. 얻음이 있거나, 갖고 있는 자가 있다면 그것은 또 다른 누군가가 있다는 것이 아니더냐? 나의 가르침은 무아(無我)이니라. 원래 없는 (0)의 자리에서 만약 얻을 것이 있고, 그러한 것을 얻음이라는 경지도 있다면 그것은 바로 네가 말한 대로 '생함이 있는 것'이 되느니라. '얻었기에 생함이 있다'든지 '얻게 되는 법을 알았다'든지 한다면 그러한 것이 모두 허망한 것이 되느니라.

묻습니다 > 세존이시여, 그렇다면 어떤 것이 아무런 생함이 없는 경지도 없고 '생함도 없는 마음'이기에 허망한 것이 아닌 것이라 하시옵니까?

답한다 > 아무런 생함이 없는 경지도 없고 생함도 없는 '0의 마음'이란, '0의 마음'이라는 것은 형태나 단락(段落)이 없는 것이니라. 비유하자면 마치 중생들이 구하는 불의 바탕이 비록 (1)이며 그 불은 나무라는 또 하나의 (1)에 있지만, 구하는 불의 본성은 나무라는 (1)과 또 다른 나무라는 (1)이 서로 비비면서 생기게 된 처음부터 없던 (0)의 자리에서 생긴 (1)이라는 "불(火)"임을 알 것이니라.

그 불이라는 (1)은 어떤 결정된 바가 없던 속성이므로, 단지 이름만 있을 뿐이요, 불의 본질은 없는 곳에서 (1)인 나무와 다른 (1)인 나무가 다 타서 연기로 사라지고 재도 사라져 (0)이 되었을 때 생기는 것으로 '0과 함께하는 1'이지, '0의 바탕' 없는 그 어떤 방법으로 얻어질 수 없는 것이니라.

이를 또 비유하자면 이치를 드러내기 위해 설명을 빌려서 이름으로 삼았지만 이름도 얻을 수 없는 것이니라. 마음이라고 하는 것도 그러하여서 그 있는 곳을 볼 수가 없는 것이니, '마음의 정체'가 이러한 것인 줄 알게 되면 이것이 바로 '생김이 없는 마음~ 무생심'이니라.

회상 부처님의 비유법은 정말 놀랍다.

우리는 안, 이, 비, 설, 신, 의 라는 업의 뿌리인 6가지 뿌리 근이 있다. 그런데 빛과 형상, 소리, 냄새, 맛, 감각 그리고 각자 나름대로의 의지와 뜻이라는 여섯 가지 경계가 생긴다. 그 여섯 가지의 나무와 그 여섯 가지의 6경계라는 나무가 다 본래 없던 허상임을 알고 스스로 그 허망한 인식을 따라가지 않고 다 사라지게하면 (0)과 같은 허공자리에서 업식이나 몽식, 즉 중생식이 아닌 여래의 식이 생긴다는 것 그것이 무생심이다.

쉽게 비유하자면 사람을 보건 일을 대하건 어떤 것을 접하면 사람들은 자동적으로 뇌라는 컴퓨터의 모터를 돌린다. 그리고 나름대로 계산 값이 나온다. 나는 이제 나를 안다. 그 계산 값이 나의 인생 60여 년의 경험상 정답이 아니라는 것을. 그래서 계산은 하되 그 계산에서 나온 값을 따라가지 말하는 것이다. 이런 마음을 갖는다는 것 자체가 무생심이다.

무생심(無生心)은 영어로 표현하면 Counter- Intuitive mind(역-직관적 마음) 이라고 한다. 그 이유는 우리의 오온 중 식(識)이 즉 뇌가 Intuitive (직관적) 결정을 하기 때문이다. 식 이전의 느낌과 생각과 행동은 자신이 경험한 것 중에서 아는 것만으로 둔탁하게 경계를 다루기에 Conseptual 개념적이라고 한다.

역직관적인 사람이 지주나 오너라면, 마름 청지기 CEO들은 직관적이어야 한다. 그리고 일반 소작인과 샐러리맨들은 성공하려면 개념을 잘 잡을 줄 알아야 한다. 그래서 권력가진 사람들의 직관에 맞게 개념 있게 잘하는 사람들이 성공을 이루는 것은 사실이다. 그러나 일시적이다. 역 직관을 모르면 다 토해내게 되어있다.

무생행품(無生行品) 3-3

몸의 나 (1) + 몸 밖의 나 (0 ~ ∞) 가 당신이

선남자여, 이 마음의 바탕과 모습은 또한 '아마륵'이라고 하는 과일과 같아서 스스로 생긴 것도 아니요, 다른 것을 따라서 생긴 것도 아니며, 함께 생긴 것도 아니니라. 어떤 원인에서 생긴 것도 아니고, 원인이 없다고 생함이 없는 것도 아니니라. 왜냐하면 하나의 원인에서 수많은 연을 거쳐 하나의 과로 끝나는 인과의 연속이 아니기 때문이니라.

사람들이 그렇다고 알고 있는 인(因)은, 사람들이 인지하지 못해서 그렇지, 인(因)이 아닌 연(緣)이니라. 마찬가지로 사람들이 생각하는 과(果)도 또한 연(緣)이어서 다른 연이 거듭 거듭 끊임없이 이어지는 연기(緣起)로 계속 일어나는 것이니라. 그래서 나는 끊임없이 새 연과 옛 연이 번갈아가면서 일어나는 것에서 연유하기 때문이라고 말하는 것이니라.

'연'으로 일어나지만 '생'하는 것은 아니며, '연'으로 바뀌지만 '멸'하는 것도 아니니, 이 무생(無生)심은 숨어 드러나지 않아, 상(相)이 없다. 즉 정해진 패턴이 없는 것이니라. 근본적인 이치는 적멸의 (0과 성성한 1)이 같이 있는 개념과 같아 전혀 없다고도 하고 무한으로 많기도 하다는 뜻인데, 그러하기에 어디 딱히 딱 집어서, 장소라고 할 수 없는 곳에 있으며, 머무르는 것도, 장소도 볼 수 없나니, 그것이 바로 (0의 자리)의 결정성(決定性)의 성격 때문이니라.

이 결정성이라는 그 본래 그 마음의 속성은 우리가 아는 마음과 동일한 것도 다른 것도 아니니라. 또한 그 마음은 아주 없어지는 것도 늘 있는 것도 아니며 들어가는 것도 아니며 나오는 것도 아니요, 생기는 것도 아니며 소멸하는 것도 아니니라. 있다/없다/있기도 하고 없기도 하다/있는 것도 아니고 없는 것도 아니다! 라는 네 가지의 사람들 입을 떠나서 말의 길이 끊어졌느니라. '무생심'이라는 것 또한 이와 같으니라.

회상 아마륵 과일은 인도에서는 암라나무 영어로는 구스베리라고 알려져 있다. 인도 전역에서 자라는데 마치 우리나라 까마중처럼 누가 심은 것도 아닌데 ,스스로 번식하고 스스로 열매를 맺고 그 씨앗이 또 번식하여 까마중 풀이 온 동네를 덮게 되는 것과 같다. 우리 마음도 그렇다는 것이다. 그렇지만 온 동네에 아스팔트를 깔고 아파트와 빌딩이 들어선 후로는 나는 거의 까마중을 보지 못했다.

우리 마음도 그렇다. 몸 밖의 몸이 있는 것이다. 마음 밖의 마음이 있다. 사람들이 인지하지 못해서 그렇지, 인(因)이 아닌 연(緣)이니라. 마찬가지로 사람들이 생각하는 과(果)도 또한 연(緣)이어서 다른 연이 거듭 거듭 끊임없이 이어지는 연기(緣起)로 계속 일어나는 것이다.

부처님은 말한다. 그것이 바로 무생(無生)이라고. 태어남이라는 것이 '몸'만으로 태어난 것은 본래 없었다. 몸 밖의 몸과 끊임없이 인과 연이 번갈아 일어나는 것이라는 가르침이다. 그래서 우리는 우리의 몸만이 태어난 것이 아니다! 라는 무생의 이치를 깨우쳐 가는 것을 '무생지인(無生之忍)' 이라고 한다. 여기서 '인(忍)'은 참을 '인'이 아니고 지혜 '인' 이다. 화엄경 10정 10통 10인품의 그 인이다.

그러면 우리는 누구인가? 몸의 나 (1) + 몸 밖의 나 (0∼∞) 가 당신이다. 그러니 이것을 어찌 태어났다고 할 수 있을까? 까마중이나 아마륵처럼 옛 인연과 새 인연이 번갈아 일어나는 것일 뿐인데.

그렇게 태어남과 죽음이 '자율주행차'처럼 '로봇'처럼, 굴러다니는 놈이 따로 있고, 프로그램을 입력한 놈이 따로 있기에 태어나고 죽음이 없다는 것을 알고, 몸뚱이 밑천으로 사는 것은 좋은데 너무 그렇게 마음 애먹지 말고 살라는 것이다.

귀 빠진 날과 나의 인생 소리를 관하다

태어남이 없다는 무생(無生)의 이치! 이것을 알면, 다시 말해 '태어남과 죽음이 없는 것이구나.'를 납득하고 받아들이면 이 경지 자체가 대단한 것이다. 이른바 보살의 첫 경지인 '환희지의 경지에 올라섰다.'라고 한다.

그러니 '너희 무명 중생'들에게 어떻게 생함과 생하지 않음, 그러한 경지의 있음과 그러한 경지의 없음을 말로 알아듣게 할 것인가? 그러나 사람은 말로는 무슨 말도 못하는 것이 없으니, 만일 어떤 사람이 자신은 마음에 얻음이 있느니, 머무름이 있느니, 또 그 이치를 보느니, 하고 말하는 자가 있다면, 그런 사람들은 '아뇩다라삼먁삼보리'의 궁극지는 물론이고, 반야의 '과정지'도 얻지 못하고, 영원히 어둠의 미망 속에서 지혜와는 담을 쌓고 지내게 되느니라.

마음의 속성을 확실히 요별(了別)하게 된 자는 '마음의 본바탕'이 이와 같은 '0 과 1이 원융한 상태'인 줄 알아서, 부처의 마음도 또한 이와 같이 노력해서 닦아서 없던 것이 생하는 것이 아니기에, 깨달음의 마음을 행함도 따로 없음을 알아야 하느니라.

회상 2022년 5월의 어느 날이 필자의 양력 생일이었다. 그 전날 새벽에 명상을 하다가 문득 눈을 얻은 것 같아 벌떡 일어났다. 달력 앞에 섰다. 생일 날 새벽 0시 10분 경이었다. 나도 모르게 한참을 홀로 웃었다. 하 하 하 귀빠진 날이 이 소리였구나. 내 자성이 내게 말해주는 소리! 이제 듣는 귀가 생겼구나. 관세음보살 시작해야겠네.

오랫동안 회사 돈 만지는 경리부와 고객 돈 만지는 증권회사에 근무했었다. 원래 2000년도 이전까지는 증권회사 직원은 증권투자를 할 수 없게 되어 있었다. 그러나 IMF 이후 증권회사 직원도 할 수 있게 되었고, 해야 한다는 주장이 더 강했다. 저도 투자한 종목입니다. 라는 말이 고객을 안심시킨다나 우짠다나.

여하간 나는 그때부터 고행의 행군이 시작되었다. 순수하게 고객 돈만 성실히 관리해주면 되는 것이라는 생각에서, 나도 돈 벌어야지! 하는 욕심이 싹트기 시작한 것이다. 아니 아마득 과일나무보다 더 무성하게 그 생각이 나의 20년을 지배했을 것이다.

응전(應錢) 불염전(不染錢) : 돈을 대하고 다루고 같이 즐기되, 돈에 물들지는 말아라! 라는 부처님의 가르침을 새까맣게 잊어 버렸다. 응전(應錢)은 (1) 이다. 불염전(不染錢)은 (0) 이다. 이렇게 부처님의 진흙에서 피는 연꽃으로 '0 과 1이 원융한 세상살이 지혜'를 가르쳐 주신 것이다. 그런데 있는 (0)은 새까맣게 잊어버리고, 3000배하고, 보시하고, 사경하고, 독경해서 (0)을 따로 얻으려고 했던 나!의 20여 년 간의 아귀의 소리를 들을 수 있었다.

무생행품(無生行品) 3-5

응물(應物) 불염물(不染物)

묻습니다 > 심왕이 다시 묻습니다. 존자시여! 만일 우리 마음이 마치 허공이 사물을 만나듯, 물이 돌을 만나고 벽을 만나고 웅덩이를 만나건, 주변 환경을 바꾸려하지 않고 '있는 그대로' 자기를 변화시키듯 우리 마음도 본래 여여(如如)하다고 하셨습니다.

그러나 그 어떤 의지적 행함으로 우리 마음이 생하는 것이 아닐 것 같으면 우리의 모든 의지적 행함은 아무것도 생함이 없을 것이라고 하시고, 그렇다고 아무런 의지가 없이 행함을 한다면 아무것도 생기지 않을 것입니다.

존자시여! 그것이 바로 어떤 행위적 결과도 기대하지 않고 무의식으로 행하는 것이기에, 그렇게 생하지도 않고 행함도 없는 것이 바로 '생함이 없는 행함(無生行)'이 되는 것이 아닐까요?

답한다 > 선남자여, 그대는 '생함이 없는 이치'로 '생함이 없이 행한다.'는 것을 이제 납득해 체험으로 얻었다는 말이냐?

회상 응물(應物) 불염물(不染物) – 사물을 대하고 더불어 지내되, 그 사물에 물들지는 말아라! 이다. (0 과 1)이 원융하게 지내는 지혜를 주신 것이다. 현대과학에서 말하는 '쉬레딩거의 고양이'는 삶과 죽음이 중첩되어 있는 상태라고 표현된다. '중첩'이란 '잉불잡란 격별성'을 말한다. 다시 말해 모든 면에서 주고받는 '섞임'이 있지만, 각기 주체적 본성을 잃지 않는 상태를 말한다.

심왕 보살이 부처님께 여쭙는 것은 이것이다. 즉 모든 의지적 행함은 아무것도 생함이 없을 것이라고 하시고, 그렇다고 아무런 의지가 없이 행함을 한다면 아무것도 생기지 않을 것입니다. 이러한 질문은 사람들은 '희지 않다'라고 하면 '검다'로 이해하고, '검지 않다'고 하면 '희다'로 알아듣고, 둘이 아니다. 라고 불이(不二)라고 하면, 둘이 아니라고 하니 '하나'라고 하며, 우리는 하나다. 라고 생각하기 때문이다.

그 이유는 (0과 1)이 같이 있으면 (1)만 있는 것처럼 생각이 들고, (1)을 버려버리면 아무것도 없는 (0)만 남을 것 같아 허전하고 빈털터리 된 기분인데 어찌하라는 것입니까? 라고 생각한다는 것이다. 사물과 응하되 사물에 물들지 말라! 라는 것은 도둑질을 해야 할 상황이면 도둑질도 하는 것이고, 작전 주식이나 작전 코인 도박을 해야 할 상황이라면 작전이라는 범법적 주식, 코인 거래도 해야 하는 것이다. 단 도둑질과 도박에 물들지 말라! 라는 것이다. 그리고 만약 그 행위가 옳은 것이 아니라는 악습이라는 것을 알면, 그렇게 악습과의 인연이 지어진 너의 삶을 반성하고 생각해보라는 것이다. 왜 이왕이면 선업과 인연이 되어야지, 어쩌다가 나는 악업과 인연이 되었다는 말인가? 그것이 초파일에 연등을 돈 주고 사서 밝히는 이유다!

무생행품(無生行品) 3-6

항룡(亢龍) 유회(有悔)

묻습니다 > 심왕이 아뢰었다. 아니옵니다. 왜냐하면 내가 그렇다고 알고 있던 것, 내가 그렇다고 믿고 있던 것이 전부 '생함이 없는 것이 행을 일으킨 작용을 한 것'으로 내게 그렇게 여겨질 뿐이기 때문입니다.

제게 일어났던 모든 것은 본래 성질과 상(相)이 공적(空寂)하여 우리 자신이 (0의 내가 아닌 1의 나)라면, 볼 수도 없고, 들을 수도 없으며, 얻을 수도 없고, 잃을 것도 없으며, 말도 없고, 해설도 없으며, 아는 것도 없고, 모습도 없으며, 취할 것도 없고 버릴 것도 없는 것임을 이제 제가 알았는데 (0의 나)는 어떻게 무엇을 증득한다고 하겠습니까?

만일 (0)의 내가 '깨달음'이 얻는 것이라고 한다면 불필요한 쟁론(爭論)이 되는 것이니, 다툴 것도 없고 논의할 것도 없는 것이 '생함이 없는 행함'이기 때문입니다.

부처님께서 말씀하셨다.

그러면 이제 너는 '아뇩다라삼먁삼보리'를 얻었다는 말이냐?

회상 무생행이라~~ 내 친구들은 작년에 65세가 되었다. 지하철 공짜로 탄다고, 지공선사라 그러기도 하고, 지공문파라고 자신의 소속을 밝히기도 한다.

우리는 베이비부머 세대여서 초등학교 1학년 때는 3부제 수업을 했고, 중학교는 한 반에 70명이었으며, 고등학교는 61명이었다. 나도 며칠 전 우리 나이로 65세가 되었다. 365일 씩 정확히 64년 을 이제 다 살아본 것이다. 주역의 64번째 괘는 미제(未濟)괘이다. 이제부터는 다시 세상에 응하며 처리하지 못한 것을 처리하며 살 것이다. 어떻게 살 것인가?

항룡(亢龍)처럼 살 것이다. 항룡은 용이기는 하지만 철 지난 용이 다. 항룡(亢龍)은 항상 자중하지 않으면 유회(有悔)라~~ 후회할 일 을 남기게 된다! 라는 의미이다.

답은 부처님께서 말씀해 주셨다.

몸 기준의 (1의 나)로 살면 반드시 누군가에게 미움을 받으리라. (1과 0의 나)로 살되, 상대방을 대하거나 돈이나 사업이나 자식을 대할 때 나의 (0)으로 상대방의 (1)을 대해야 한다. 상대방도 (1의 그가 아니라 1과 0)이기 때문이다. 주의 할 것은 (나의 1과 0) 중에 64년을 (1만의 나)로 살아온 나의 (1)이 그 습(習)과 업(業)으로 관성적 대응을 하는 것을 막을 수는 없다. 나의 (1)이 습관적 계산을 하는 것을 막을 수도 없다. 방법은 하나다 계산은 하되, 그 계산기를 덮는 것이다. 그러면 (나의 0)이 다 알아서 처리한다. 아는 모든 일과 그 결과를 응물, 불염물로 받아들이기만 하면 된다. (0) 이니까…

무생행품(無生行品) 3-7

지구상에도 에이와의 여신이 있다

묻습니다 > 세존이시여, 저는 '아뇩다라삼먁삼보리'를 얻은 바가 없습니다. 왜냐하면 보리의 바탕 속에 이제 편안히 자리한 저는 얻을 것도 없고, 잃을 것도 없으며, 깨달을 것도 없고 알 것도 없으며, 분별할 상도 없다는 것만을 알았습니다. 너다 내다, 좋다 싫다, 라는 (0과 1)의 반도체(半導體)같은 분별이 이제는 없는 속에서 (0과 1)이 중첩되어 같이 존재하는 청정한 바탕과 합일이 되고나니, 그 바탕은 아무것도 혼합되어 있지 않고, 말도 설명도 있을 수가 없습니다.

또한 이제 저의 견처(見處)에서는 '있는 것'도 아니며, '없는 것'도 아니고, '아는 것'도 아니며, '모르는 것'도 아니니, 모든 '법이 일어남의 행'도 이와 같습니다 .왜냐하면 모든 중생들이 궁극적으로 안좌해야 할 실제 세상은 중도(中道)의 자리이기 때문입니다. 중도(中道)의 자리는 있는 곳이 따로 있어 볼 수 없으며, 중도(中道)의 자리에서 모든 것이 결정성(決定性)이기 때문에 근본적으로 얻느니, 얻지 못하느니 하는 것이 있을 수 없는데, 어떻게 제가 따로 구하고 얻을 곳이 있어 '아뇩다라삼먁삼보리'를 얻었다고 하겠습니까?

회상 장소 아닌 장소에서는 어떤 일이 일어나고 있을까?
그 답은 이렇게 설명할 수 있다.
영화 『아바타』에서 행성 판도라의 식물을 연구하던 그레이스 박사는 재미있는 사실을 알게 된다. 바로 식물들도 '전기적 신호'를 이용하여 서로 소통을 한다는 사실이다. 그런데 이 사람들은 '에이와'라는 대지의 여신을 숭배하며 사는데, 여신은 선악(善惡)을 구분하는 '분별적 행함'을 하지 않는다는 사실이다. 이것은 좋으니까 취하여 얻고, 저것은 싫으니까 제거해서 버린다는 개념이 없다. 그는 단지 '균형'을 이룰 뿐이다.

헤겔은 이 균형이 어떤 존재의 힘이 작용되는 것이 아니라, 스스로 그러하게 작용이 일어나게 된다고 하였는데, 그것을 '이성의 간계(奸計), 혹은 '역사의 간계(奸計) 라고 이름 붙이기도 하였다.
괴테의 소설 『파우스트』에서 '파우스트'가 '메스피토우스'라는 악마의 신과 거래를 하여 '강한 내'가 되는 '강아(强我)의 파우스트'가 되지만, 결국은 메스피토우스의 법칙에 의해, '무아(無我)의 파우스트'로 회귀하는 과정에서 파멸을 겪는 이치이기도 하다.

즉 '노력하여 얻음'은 '얼음이 사라지는 붕괴'가 동시에 시작되기 때문이다. 대지의 여신 '에이와'가 따로 없어도 말이다. 장소 아닌 장소, 여래장의 자리, 본각의 꽃이 피는 자리가 그러하다. 러시아와 우크라이나 전쟁은 전 세계 사람들이 99.99% 러시아의 일방적 승리로 끝날 것이라고 보았다. 그런데 결과는 어떠한가? 미래의 게임 법칙이 바뀐 것이다. 지구에도 "에이와'의 여신이 있는 것을 모르나 보다.

무생행품(無生行品) 3-8

놀부 방생도 무명이지만
인생 함수통속의 선업행이었다

답한다 > 그러하니라, 그러하니라. 그대가 말한 것처럼 일체의 마음의 행위는 자기 생각에 비추어진 이미지 그림 파일의 결합일 뿐이므로, '자기 그림자'라고도 불리는 상(相)이 있기는 하되, 상(相)의 실체는 없다는 무상(無相)에 불과한 것이니라.

그러니 모든 상의 정체를 아는 사람들과 하늘 사람들은 모든 상의 공(空)하고, 적(寂)함을 체득하였기에, 생(生)이 아닌 무생(無生)이며 마찬가지로 그 이미지 파일을 인식하는 인식, 즉 인간과 하늘사람들이 포착하는 가지가지의 식(識)도 이와 같이 '이것이 있으므로 저것이 있고, 저것이 없어지면 이것도 없어진다.'처럼 그 실체가 없는 허망한 것이니라.

왜냐하면, 내 눈으로 보았다는, 직접 확인 했다는 믿음을 가진 '눈' 그 눈과 눈의 감각도 기실은 다 공(空)하고 적멸(寂滅)한 것이니라.

(1)의 세계를 구성하는 만법이 모두, 오직 식(識)뿐이라는 만법유식의 온갖 식(識)도 그 정체는 공적한 (0)의 세계여서 (1)의 세계를 쫓아 밖으로 달려 나가 움직이는 것이 아니니라.

또한 그렇다고 해서 (0)의 세계에서 움직이지 않는다면 일체의 상(相)이 있을 수 없기에, (1과 0)이 중첩된 중도 세상에 머무를 줄 알아야 하는 것이니라.
그렇듯 소위 육경(六境) 혹은 육진(六塵)이라고 하는 바깥 경계를, 마음으로 좋다, 싫다, 모르겠다, 로 분별해 받아들이는 3수(受)를 모두 내려놓음으로 받아들이며, 비로소 3수가 그 힘을 잃고 작용이 적멸해지게 되는 것이니라.

그렇게 받아들이는 창구인 육근(六根)이라고 하는 눈, 귀, 코, 혀, 몸, 마음 그리고 의식과 허망한 모든 것을 아전인수(我田引水)격으로 I, My, Me, Mine 이라고 주창하는 말나식(末那)과 세세생생 모든 카르마의 업의 함수통(函數洞)인 아뢰야식장(阿梨耶識藏)의 종자식, 8식, 아뢰야식 등도 마찬가지니라.

다시 말해 만법의 원인이자 씨앗인 식(識)이라는 것도 이와 같이 그 정체가 없고 있는 태어남이 없었는데 태어남이라는 성질을 갖고 있는 것이니라. 그러나 모두 그 본질은 적멸한 마음이며, 생(生)함이 없는 마음이니라.

이것을 모르는 것이 무명이다. 무명이 식을 발동시킨다. 무명과 식, 그 사이에 무엇이 있는가? 바로 행(行)이다. 그동안 놀부 방생도 하고, 놀부 보시도 하고, 놀부 산타크로스도 했다. 그렇게 해도 그 행은 선업행이지 악업행이 아니다. 단지 그 씨앗을 발복시키는 일을 못했을 뿐이다. 여래장 공부에 가면 우리는 그 방법을 알게 되겠지…

25

무생행품(無生行品) 3-9

미네르바의 부엉이는
황혼이 되어야 날개를 편다

답한다 > 만일 '적멸한 마음'을 일부러 일으키거나, 생(生)함이 없는 마음을 의도적으로 일으킨다면, 이것도 생(生)함이 있는 행함, 다시 말해 거룩한 망상이 되는 것이니라. 어떤 유위적인 행위도 '생함이 없는 행함'이 아니며, 안으로 3수(受) 3행(行) 3계(戒)를 일으켜 자신의 생각에 칠을 하게 되는 것이니라.

그러니 만일 이미 일어난 마음일지라도, 그 마음의 정체가 본래 공한 것임을 알아, 그대로 적멸한 것임을 알아, 쫓아 달려가 더 이상 일어나지 않게 하면, 마음은 항상 적멸해짐을 알아야 하느니라. 그렇게 해서 그 적멸의 모습도 증득하지 않고, 그렇다고 증득함이 없는 데도 머무를 필요가 없음을 알게 되느니라.

결국 하늘의 허공처럼, 흐르는 물처럼, 모든 곳에 머무름이 없게 되어 일체 내가 그렇다고 알고 있는, 그렇게 보고 있는 모든 상(相)

이 가상현실과 같은, 실제로는 없는 무상(無相)임을 알게 되면, 감각기관에서의 3수와 인위적인 3행과 또 마음으로 지켜야 할 3계가 없어져, 모두 적멸해져서 청정하고 머무름도 없어지고, 삼매에도 들어가려고 애쓰지 아니하고, 좌선(坐禪)에도 머무르지 아니하며, 종국에는 생(生)함도 없고 행(行)함도 없이 '그냥 하게 되는 것' 이니라.

회상 학교에 미네르바 동산이라는 것이 있었다. 그리고 미네르바의 부엉이는 황혼이 되어야 날개를 편다! 라는 팻말도 같이 있었다. 어느 날 미네르바의 부엉이를 알게 되었다. '부엉이'는 지혜를 말하며, '날개를 편다'라는 말은 깨달음을 얻는다는 말이다. 그리고 그 말의 원전은 '헤겔'의 법철학 서문에 나오는 말임을 알게 되었다.

황혼? 저녁노을로 하늘이 온통 노란 색으로 변했을 때를 말한다. 자기 나이에 0.7을 곱해야 정확한 신체나이가 나온다! 라는 말은 1995년도에 들었다. 베이비부머 세대인 나는 나이가 65세 곱하기 0.7을 하면 45세에 불과하다. 우리 아버지 세대의 45세가 우리 세대의 65세라고 한다. MZ세대는 우리 나이에 또 0.8을 해야 한다고 한다. 그 세대는 나이 60으로 정년이 되어도 우리 나이 48에 불과하다는 것이다.

한국에 천태종을 창종하신 상월 원각스님께서는 생전에 이런 말씀을 하셨다고 한다. "1986년생 이전 사람들은 열심히 자기의 신명을 관리하면 100세까지는 살 수 있다. 그러나 1986년생부터 태어난 사람들은 기본 수명이 120살이다" 정말 그 말이 현실로 맞아 들어가는 것 같다.

그래서 필자가 생각하는 것이 있다. 세대마다 그리고 사람마다 황혼의 나이는 다르다. 그러나 날개를 펴서 날아야 하는 것 아닐까? 무명 상태에서 생각에 생각을 거듭한들 날개를 펴지 못할 것이다. 그것이 허상인 생각, 즉 허수의 연속인 $(i^1 \, i^2 \, i^3 \, i^4 .... \, i^\infty)$의 삶이다. 이렇게 해보자.

우리는 응물(應物) 불염물(不染物) - 사물을 대하고 더불어 지내되, 그 사물에 물들지는 말라! 즉 (0 과 1)이 원융하게 지내는 지혜를 받지 않았는가? 그 말은 한 마디로 이것이다!
바로 (i^0) 이다.

약견 제상 비상 : 네 눈앞의 상이 정체 없는 상임을 알고 실을 발동시키지 않고 계산기를 덮으면 그것이 (i^0) 이다.

26

무생행품(無生行品) 3-10

모르면 이것처럼 어려운 길도 없고, 알면 이것처럼 쉬운 길도 없다

다시 묻습니다 > 심왕 보살이 여쭈었다. 선(禪)은 모든 움직임을 거두어서 가지가지의 허깨비와 어지러움을 안정시키거늘 어찌하여 선(禪)에 머무르라고 하지 않으십니까?

답한다 > 부처님께서 말씀하셨다. 보살이여, 선(禪)은 움직임을 그쳐 움직이지 않겠다는 또 다른 움직임이 되니, 움직이지도 않고 선(禪)도 행함이 아닌 것을, 어떤 것도 생(生)함도 없는 것을 선! 이라고 하느니라.

물론 선(禪)의 근본 바탕은 생함이 없는 것이기는 하나, 선을 한다는 그 상(禪相) 마저도 떠나야 하는 것이요.
선(禪)의 본성은 머무름이 없는 것이니, 선(禪)에 머무르려하는 움직임도 떠나야 하는 것이니 머무름도 떠남도 넘어선 곳이 내가 말하는 선이니라.

무심(無心)! 그렇게 그 어떤 마음도 없는 자리를 말하느니라. 만일 선(禪)이라는 것의 자성이 움직임도 고요함도 없는 줄 안다면, 곧 무생(無生)을 얻느니라. 또한 무생 반야가 좋다고 그것에도 또한 의지하거나 머물지 않아 마음 역시 움직이지 않게 해야 하느니라. 이러한 모든 생각을 다 내려놓는 지혜가 드러나야, 진정한 무생의 반야바라밀을 얻을 수 있느니라.

답한다 > 세존이시여, 이제야 알겠으니 생(生)함이 없는 반야지(無生般若)라는 것은 어디에도 머무르지 않으므로 지금 있는 이곳을 떠나 어디에서도 떠나지 않는 것이겠습니다.

마음이 따로 평안하고 행복한 곳을 찾아 머물 곳이 없으며, 그런 자리에 가서 처소에 머무르겠다는 마음도 없겠습니다. 머무름도 없고, 마음도 없으며, 마음이 생함도, 머무름도 없고, 이와 같이 머무는 마음이면 그것이 바로 '생함이 없는 머무름'이라는 것을 알겠습니다.

세존이시여, 마음이 생함이 없이 머무르는 것은, 헤아려 생각할 수 없는 것임을 알겠습니다. 생각할 수 없는데, 어찌 말할 수 없는 것을 말로 표현할 수 있겠습니까? 부처님의 '말과 글이 끊어진 곳'을 이제 알겠습니다.
부처님께서 말씀하셨다. 그러하니라, 그러하니라.

나는 (0과 10) 이다. 저 사람은 (0과 13) 인 인간 같다. 그런데 저 사람이 갑(甲)이고 나는 을(乙)이다. 어떻게 이 상황을 처리해야 하나?

몰라서 어렵게 사는 사람은 어떻게 해서든지 나의 (10)과 저 사람의 (13)사이에 최대 공약수를 찾으려고 할 것이다. 그것이 당연히 안 될 것이다. 그러면 다시 나의 (10)을 버리고 그 사람의 (13)에 맞추려고 할 것이다. 그러나 그 사람은 즉시 눈치 챈다. 내가 자신에게 억지로 아부하고 있다는 것을. 참으로 어렵게 사는 사람이다. 아부는 공부처럼 평소에 해야지 갑자기 한다고 되는 것이 아니다.

반면에 우리는 이제 쉬운 길을 안다. 나의 (0 과 10)중에 (10)이 정체가 없고 자성이 없음을 알기에 나는 (10)의 생각을 감정을 해결 방법을 버리고 나를 (0 과 i^0)로 만들어 나간다. 그러면 나의 (0 과 i^0)가 그의 (0 과 13) 사이에 최대 공약수, 최소 공배수를 다 찾아낼 것이다. 이유는 그는 자신이 생각의 주인이 아니라는 것을 모르기 때문이다. 그의 (13)은 그래서 (10)으로 바뀐다.

게송

심왕 보살은 이러한 말씀을 듣고 처음 있는 일이라 찬탄하면서 게송으로 여쭈었다

심왕 보살 계송

크신지혜 원만세존 무생도리 널리펴네.
처음듣는 가르침을 듣도보도 생각지도
전혀못한 이가르침 이제서야 해주시네
이가르침 듣지못해 수억겁을 윤회하며
억울하다 원통하다 두고보자 복수한다
스스로를 가둬두고 쉬운길을 못찾다가.
수억만년 처음으로 청정감로 법들으니
처음으로 나타난법 만나기도 어렵지만
헤아리기 더욱난해 듣는것도 어려워라.

그럼에도 좋은복전 최상미묘 만병치유

하늘묘약 받고나니 나도이제 널리중생

건질힘을 주시누나

그 때 대중 속에서 이러한 설법을 듣고, 모두 '생함이 없음에도 생하는 무생의 이치'와 무생(無生)의 '반야'를 얻게 되었다.

Part 2

문제에서
벗어나는 방법

✽ 본각리품

본각과 일각의 그 가슴 설레임은
무주(無住)에서 시작(有悔)

그때 무주(無住) 보살은 부처님께서 말씀하신 모든 작용은 균형을
이루기 위해서 일어난다는 그 '한 가지 (0)의 맛'이고, 그러한 '법계
의 살림살이 시스템'에 관한 불가사의한 운용법을 듣고, 부처님 계
신 자리로 다가가 한 마음으로 자세히 들은 후, (0과 1)을 모두 넘
어선 청백한 경지에 들어가 몸과 마음이 '부동지'에 이르러 움직임
이 없었다.

그 때 부처님께서 무주 보살에게 말씀하셨다.
그대는 어디에서 와서 지금 어디에 이르렀는가?

무주 보살이 답했다.
세존이시여, 저는 '어디라고 할 수 없는 곳'에서 와서 이제 '어디라
고 할 수 없는 곳'에 이르렀습니다.

부처님께서 말씀하시기를.

너는 본래 온 곳도 없고 이제 도달한 곳도 없다고 하니 그대가 얻은 본각(本覺)의 이익은 중생들이 생각과 알음알이로 되는 것이 아닌 일이니 '이 보살은 참말로 위대한 보살마하살이니라!' 하셨다.

그리고는 바로 큰 광명을 놓으시며 수천 여 개의 세계를 두루 비추시면서 게송으로 말씀하셨다.

위대하다 무주 보살 지혜가득 갖추었고
본각자리 이익으로 모든중생 이익주네
움직이고 머무르며 앉아있고 누워있어
모든행을 하면서도 어떤행도 않는구나
항상영의 본각이익 영도일도 떠난자리
그자리에 머물면서 모든중생 이끌어도
오는것도 아니면서 가는것도 아니구나.

(0)의 그 일각의 한 가지 맛

묻습니다 > 무주 보살이 부처님께 여쭈었다. 세존이시여, (0)의 자리인 본각(本覺)의 수많은 이익 됨 중에 어떤 이익 됨으로, 모든 중생의 일체 감정으로 이루어진 정식(情識)을 전환 변화시켜, (0)의 자리인, 무념(無念) 무상(無想)의 '암마라식'에 들어가게 해야 합니까?

답한다 > 부처님께서 말씀하셨다. 모든 부처 여래들께서는 하나의 각, 즉 일각(一覺)으로, 모든 중생의 갖가지 식(識)을 전변(轉變)시켜 '암마라식'에 들어가게 해야 하느니라.

왜냐하면 일체 중생도 본래 이미 깨달아 있는 존재! 즉 '본각(本覺)'이나, 세세생생의 (1)의 세계에서 살던 습(習)으로, 망각 상태로 살고 있으니, 항상 일각으로 모든 중생을 깨우치며, 저 중생들이 모두 본래의 본각(本覺)을 얻어서 '망각(妄覺)'의 감정으로 일으키는 여러 가지 감정의 인식놀음(情識)이 모두 공(空)하고 적(寂)한 것이라는 것! 즉 본래 무생임을 깨우치게 해야 하느니라.

왜냐하면 일체의 모든 것을 결정할 수 있는 '결정본성'은 본래 아무 것도 없고 움직임이 없는 무주(無住)에서 시작되기 때문이니라.

회상 비유하면 모든 사람들은 (0)의 바탕 위에서 각자의 수를 가지고 있다. 예를 들면 우리 아버지는 (0과 3)이셨다면 어머니는 (0과 7)이었다. 큰 누이는 (0과 6) 이었으며 작은 누이는 (0과 2)이었다. 동생은 (0과 5) 였으며, 나는 (0과 9)라고 비유할 수 있다.

아버지와 어머니 사이에는 최대 공약수와 최소 공배수를 찾기 힘들었다. 반면 나와 큰 누이는 최대 공약수가 존재했다. 어머니와 작은 누이, 동생은 집안 식구들 중 누구와도 최대 공약수와 최소 공배수를 찾기 힘들었다. 그러나 생각해보면 아버지는 (0)으로 식구들 모두와 약수와 배수를 맞추어 가시며 살아오신 분이었다. 어느 집 엄마들도 그렇지만 자신의 무의식적인 (0)으로 아이들과 남편과 시집식구들과 약수와 배수를 만들어가며 사시는 분들이다.

부모 밑에서 크는 시절에는 누구나 (0)을 사용한다. 그것이 자신에게 이익이 되기 때문이다. 그러나 부모를 떠나 자기 가정을 갖게 되면, 전부 다른 견처를 갖고 산다, 우리 집 식구들을 예로 들면,

(6, 2, 5, 9) 로 산다. 무슨 약수와 배수가 있겠는가? 이제 결혼을 하니 집 사람은 (0과 12) 딸은 (0과 15) 아들은 (0과 14)처럼 보인다.

(0)을 사용하며 사는 것 그것이 무주(無住) 보살의 시작이다.

자신들의 법 그 자체가 허망한 변수로 이루어진 공(空)이다

무주 보살이 여쭈었다. 일체 모든 인식의 주체인 여덟 가지 식(識) 은 모두 육근(根) 육진(塵)의 바깥눈에 보이고 귀에 들리는 외부의 경계를 휘잡아 감아 들어와 반연(攀緣) 하여 생기는 것인데 어떻게 그 대상을 쫓아 나가지 않고 움직이지 않을 수 있는 것입니까?

부처님께서 말씀하셨다. 네가 말했듯이 일체의 경계는 각자의 카 르마 픽셀 조각들이 외부에 투사되어 영상으로 만들어진 오온 즉 다섯 가지 픽셀 덩어리가 그 정체이자 본체이니라. 그리하여 그것 들은 이것이 있으므로 저것이 있으며, 저것이 사라지면 그것도 사 라지는 본래 자성이 없는 공하고 적(空寂) 한 것이니라. 그렇게 눈에 보이고, 귀에 들리고, 코로 냄새 맡아지고, 혀로 맛이 포착되고, 피부로 느껴지고 하는 것들이 모두 입자의 결합! 모두 오온의 픽셀 의 덩어리이니라.

그 다섯 가지의 감각의 패턴이 법이 되어 의식이 되었기에, 그것도 원래 공한 것이며, 없는 것을 기준으로 자신이 주인이라고 주장하는 가짜의 나! 말나식 또한 그러하며, 아뢰야식장에 저장되어 있는 모든 기억의 픽셀들! 그 모든 일체의 '식'도 본래 공적(空寂) 한 것이니라. 공적하다는 것은 원인이 없이 생긴 무연(無緣)! 이기에 즉 '연'이 있을 수 없다는 것인데 어떻게 '연'이 일어날 수 있다고 하겠는가?

무주 보살이 여쭈었다. 일체의 경계가 허망할 공(空)이라면 '보이고 들리고 겪는 것' 들은 다 무엇입니까? 어떻게 된 것입니까?

부처님께서 말씀하셨다. '보이고 들리고 겪는 것'은 다 '허망한 것'이니라. 왜냐하면 일체의 존재는 태어남도 없고 형상도 없는 것이어서 본래 스스로 이름 하지 않는 것이며 모두가 공적한 것이니라. 일체의 법(法)인 패턴과 상(相)의 모습도 또한 이러하며 그렇게 생긴 인간과 신(神)들도 망라한 일체 중생의 몸 또한 이와 같으니라. 몸도 오히려 실재하는 실체가 없거늘 어떻게 '보이는 것'들이 실제로 존재한다고 할 수 있을 것인가?

회상 위의 (3,7,6,2,5,9)는 항상한 상수(常數)가 아니다. 그 때 그 때 자신의 이익 따라 바뀔 수 있는 변수(變數)다. 변수를 공이라고 한다. 그러한 변수들을 가지고 자신의 이익여하에 따라 각자 자기

116

나름대로의 법을 만든다. 종교에 따라 식구 들이 달라지고 친구들
이 달라지고 부모 자식관계가 달라지고 우파 좌파가 달라진다. 어
찌 허망한 중생들이 아니라고 하겠는가?

31

본각리품(本覺利品) 4-4

일각의 눈은 (0과 7) (0과 5)에서
감추어진 (0)을 볼 줄 아는 깨달음이다

묻습니다 > 무주 보살이 여쭈었다. 일체의 경계가 있기는 하나 없는 공(空)한 존재이고, 일체의 모든 중생들의 육체, 신체, 영체의 몸이 또한 그렇게 공(空)함을 알겠습니다. 그런 연고로 색, 수, 상, 행을 기억장치에 저장하는 일체의 식, 또한 그렇게 공(空)하니, '깨달음' 이라는 것 또한 역시 공(空)하다는 말씀이십니까?

답한다 > 부처님께서 말씀하셨다. 그러하니라. 그러하니라.

그러나 '일각'으로 생겨나는 '지켜보는 놈' 은 무너뜨릴 수 없고 부술 수도 없어서 결정성(決定性)을 지니고 있기 때문이며 비공(非空), 비불공(非不空), 공(空)하다! 라고 말할 수도 없고, 공(空)하지 않은 것 이라고 말할 것도 아니어서, 무(無), 공(空), 불공(空不空) 이라고 한다.

답합니다 > 무주 보살이 말했다. 가지가지의 경계가 모두 그런 존재여서 비공상(非空相) 즉 공의 상도 아니며 비무공상(非無空相): 공의 상(相)이 아닌 것도 아니겠습니다.

답한다 > 부처님께서 말씀하셨다. 그러하니라. 저 인간의 육근으로 포착되는 모든 경계는 성본결정(性本決定) 다시 말해서 그 성질이 각자의 업이 외부로 투사되어 나타난 것으로 그 본성은 결정성의 바탕 위에 생(生)한 것이지만 그 결정된 바탕의 근본뿌리는 무유처소(無有處所): 어디라고 말할 수 있는 처소가 있는 것이 아니니라.

회상▶ (0과 7) 그리고 (0과 5)의 존재를 볼 때, (0,5,7)은 모두 공(空)하다.
왜 (0)도 공이 되어야 하느냐? 보이는 (0)은 (0)이 아니다. 그러나 (0과 7) (0과 5)에서 감추어진 (0)을 볼 줄 아는 깨달음은 공이 아니다. 그래서 무(無), 공(空), 불공(不空)이라고 한다. 그 이유가 곧 나온다.

본각리품(本覺利品) 4-5

육체 영체 그리고 유체

묻습니다 > 무주 보살이 여쭈었다. 깨닫지 못한 중생들이 자신이 삶의 방향성을 돈과 권력과 재물을 지향해서 계속 나아가는 목표 값인 벡타로 정하고 사는 중생들에게 어떻게 이 가르침을 전하며 그들이 어떻게 하면 깨달음을 얻을 수 있겠습니까? 깨달음도 깨달음이라고 할 수 있는 어떤 경지가 없는 것이라 하시니 어찌 하오리까?

답한다 > 그러하니라. 본각의 깨달음은 머무는 장소가 없기 때문에, 오염되지 않는 청정한 국토라고 하나니, 청정하기 때문에, 즉 아무것도 없는 것이기에 깨달음이라는 것도 실체가 있을 수 없느니라. 사람들과 신들이 사랑하는 모든 것들, 즉 명예도 재물도 그 밖의 모든 사물들도 오직 인연일 뿐, 본질은 있는 것처럼 보이지만 그 정체가 항상하지 않는 무상한 변수이니라. 그 변수는 정체가 없는 것이기에 오히려 그 근본 바탕은 청정하다고 하나니, 청정의 원각 바탕에는 형상, 패턴, 색(色)이라고 할 것도 없느니라.

다시 묻습니다 > 그렇다면 마음과 안식(眼識: 눈으로 인식함)도 이와 같아서 생각으로 헤아릴 수 없는데, 어떻게 그들은 삶의 방향성의 벡터 값을 정해야 하는 것이옵니까?

답한다 > 마음과 눈의 안식도 이와 같아서 그 인연이 생기함은 그야말로 포텐셜일 뿐, 생각으로 요량할 수가 없느니라.

왜냐하면
첫째; 만약 어떤 사람이 어떤 장소에서 자신의 눈으로 어떤 형상이나 패턴 등 모든 물질을 볼 지라도, 그것은 꿈속의 장소와 같아 본래 그 장소는 없으므로 청정하여 이름 붙일 것이 없는 것이며,

둘째: 그가 꿈에서 깨어나면 그가 꿈속에서 그의 두 눈으로 똑똑히 모든 일과 장소를 보았다고 하지만, 꿈을 깨어난 사람의 눈에는 아무것도 들어온 적이 없던 것임을 알게 되며

셋째: 그렇게 하여 그가 그의 눈으로 똑똑히 보았다고, 확신을 가진 그 마음도 본래 꿈속의 장소여서 그 때 그 감정이 일어난 장소가 따로 없고, 그냥 꿈을 깨면 모든 것이 청정해져서 굳이 꿈속 감정들을 청소하거나 그칠 것도 없기 때문이며

넷째 : 그리하여 눈에 보이는 외부 경계인 재물 권력 명예를 내가

성취하였다는 꿈속 내부의식 양자(兩者)가 결합되어 생긴 인식(識)도 꿈을 깨니 그 장소가 없고, 청정하여 움직임이 없으므로, 인과연의 분별이 발생한다는 것은 있을 수 없느니라.

다섯째: 꿈을 깬 사람이 침상 위의 자신의 몸이 참된 몸임을 알아 모든 자성의 바탕은 모두 공적함을 알게 되느니라. 그리하여 그는 자신의 업을 넘어 자신 인생의 업의 저장고인 '아뢰야식장'이 아닌, 그동안 몰라서 사용 안하던 '여래장'에서 나오는 자성에도 각(覺)이 없음을 알기에 발심수행의 길로 들어가게 되는 것이니라.

회상 동안거는 음력 10월 15일에서 그 다음해 정월 대보름까지 하는 것이다. 그리고 하안거는 당해 연도 음력 4월 15일부터 7월 15일까지 하는 것이다. 이제는 전 국민이 특히 MZ세대와 몸인 육체(肉滯)를 놓으시고, 혼인 영체(靈體)만을 지니고 계신 조상님들은 동안거 하안거를 반드시 한 번씩은 하여야 한다. 체의 육체와 영체가 공히 지니고 있지만 사용하지 못하는 제3의 신체가 있다. 그것을 유체(流體)라고 한다.

33

본각리품(本覺利品) 4-6

명상수행의 동안거와 발심수행의 하안거

선남자여, 깨달음도 '없음'을 깨달아 알면, 모든 일어났던 식이 '본래의 근원'으로 들어가니 어째서 그러한가? 금강 같은 지혜의 경지(金剛智)에서는 해탈의 길(解脫道)도 끊어졌으며, 완전하게 끊어졌기에 머물러 거주함이 없는 (0)의 경지에 들어가 나오는 것이 없느니라.

마음이 그렇게 처소가 없으니 모든 것을 결정할 수 있는 '결정성의 경지'라고 하는 것이며 그 본래 (0)의 장소는 청정하기가 맑은 유리와 같고, 본래 (0)의 자성은 항상 평등하기가 저 대지와 같으며, 본래 (0)의 '묘하게 모든 관찰해서 아는 그 지혜'는 햇빛과 같고, 그 본래 (0)의 이익 됨을 얻게 되는 본각(本覺)을 얻음은 큰 진리의 비를 내려주는 것과 같은 것이니라.

이 본래 (0)의 다이아몬드처럼 빛나는 지혜에 들어간다는 것은 부처님의 지혜의 경지에 들어가는 것이며, 지혜의 경지에 들어가면 그 어떤 식(識)도 일어나지 않게 되느니라. 이 본래 (0)의 식(識)을 '암마라식' 이라고 중생들이 이름 하는 것이니라.

회상 매년 음력 시월상달 보름인 10월 15일에 시작하는 동안거(冬安居)는 참선 수행 혹은 명상 수행이 그 본질적 의미이다. 그 때 계절은 나무에 비유하면, 겨울을 앞두고 9개월 내내 땅 위에서 약간의 추위와 바람과 태풍과 가뭄과 홍수와 인간들과 새들과 벌레의 마장들 속에서 열심히 시달리며 일을 하느라 고생을 하며 지칠 대로 지치고 탁해질 대로 탁한 생명의 근본인 물 저장 탱크인 나무는 몸으로 다음을 준비한다. 열매는 땅으로 떨어지거나 인간과 동물과 새들이 다 가져가고, 앙상한 잎만 남았다. 사람들이 나뭇잎에 단풍이 들었다고 좋아하는 반면 나무는 애고!~ 나 죽소! 하는 것이다. 그 이유는 뿌리가 강력하게 모든 탁해진 물들을 잎에서 가지에서 줄기에서 몸통에서 거두어가기 때문이다.

그리고 음력 10월 보름부터 다음 해 정월 보름까지 90일간 나무는 그렇게 거두어드린 생명수를 정수(淨水)하기 시작한다. 순도 99.99999999999 프로가 아닌 100% 청정한 물을 만들기 위해서다. 그것이 동안거다. (1.2.3.4.5.6.7.8.9....)로 활동하던 (0)의 분신들을 새로운 (1.2.3.4.5.6.7.8.9....)로 다시 세상에 내보내기 위해서이다. 그래서 동안거는 '적정수행'이라고 한다.

반면 하안거는 음력 4월에 시작한다. 신록의 계절을 지나서이다. 7월 7석을 지나 7월 보름까지 한다. 음력 8월에 수확하기 위해서 열심히 일을 한다. 새로운 (1.2.3.4.5.6.7.8.9....)가 일을 잘 해야 하기 때문이다. 일을 잘 한다는 것은 (1로 살되 1에 물들지 않는 0)이 (9)로 살되 (9)에 물들지 않는 (0)이 되어야 하기 때문이다. 하안거는 '적정수행'이 아니다 '발심수행'이어야 한다. 음력 2월이 '제석천월'인 것은 동안거 중에 공부한 것으로 음력 2월 중에 어떤 발심을 했느냐? 를 제석천월이 평가하기 때문이다. 동안거 공부로 이 중생이 발심수행을 할 만한 삼매의 힘을 어느 정도 가졌나? 를 점검하는 것이다. 보살은 삼매의 힘이 없으면, 그 (0의 힘)을 사용할 수 없기 때문이다.

34

본각리품(本覺利品) 4-7

무념(無念)의 일각을 사용할 줄 알아야 11차원을 완성한다

묻습니다 > 무주 보살이 여쭈었다. 여래께서 말씀하신 '일각'의 성스러운 힘과 모든 일의 시작과 끝을 다 아는 '묘한 관찰역의 지혜'등 그 네 가지 큰 지혜의 경지가 바로 일체 중생의 본래 (0)인 본각의 이익이 되겠습니다. 왜냐하면 우리 모두 일체의 중생은 바로 이 몸 속에 본래 (0)의 무한한 모든 지혜를 충분히 구족하고 있기에 그 본래 (0)의 자리 지혜를 스스로 찾아 쓰기만 하면 된다는 말씀이옵니까?

답한다 > 부처님께서 말씀하셨다. 그러하니라. 왜냐하면 일체의 중생은 본래부터 번뇌가 없었으며, 모든 착함과 이익의 근본을 지니고 있지만 아직까지는 욕망의 가시를 지니고 있어서 그것을 아직 항복시키지 못한 것! 뿐이니라.

묻습니다 > 무주 보살이 말했다. 만일 어떤 중생이 아직 본각의 이

126

익을 얻지 못하고 오히려 번뇌를 캐어 모으고 있다면 그것들을 어떻게 항복시켜야 하겠습니까?

답한다 > 부처님께서 말씀하셨다. 죄라고도 할 것은 없으나, 중생들은 알고 짓는 죄, 모르고 짓는 죄가 있느니라. 알고 지은 죄는 죄를 지은 그 생에 그 과보를 받고, 모르고 지은 죄는 다음 생에 그 과보를 받게 되느니라. 과보의 결과로 받게 되는 업을 이유를 몰라 분별하거나, 억울함, 당황함 등의 번뇌에 물들게 되지만 이번 생에 받은 몸의 주체가 지금의 그 체험을 하기 위한 것이라는 것을 알고, 모든 것을 감당할만한 몸을 받아왔기 때문이며, 몸 또한 그 과제를 찾아 체험하는 것 말고는 그 존재 이유가 없는 것이기에 '공(空)도리'로 자기 앞에 반연된 현실을 관(觀)하게 되면, 조복하기 어려운 것도 항복시키게 될 것이니라.

그러므로 설사 자신에게 반연된 모든 아픔과 태어남 자체가 모든 욕망의 가시임을 알고, 그 아픔조차 본래 없는 것이기에, 본래 (0)의 자리에 놓고 자기 앞에 반연된 현실을 관(觀)하게 되면 마군의 속박에서 벗어나 초연히 명백하게 드러난 경지에 앉아 모든 안, 이, 비, 설, 신, 의의 여섯 식음(識陰)이 '욕망으로 인한 고통의 불이 꺼진 열반'에 들게 되느니라.

그것이 모든 업을 받아들이고 업을 바꾸고 업을 녹이는 방법이기에 또한 업의 매트릭스가 아닌 여래의 매트릭스를 얻기 위한 과정으로 몸 받음 자체를 본각의 이익이라고 하는 것이니라.

회상 우주는 10차원이 아니라 11차원이다. 고대 한국의 선(仙)도 역시 11차원이었다. 그래서 천부경에서는 십(十)을 만들 수가 없어서 (0.1.2.3.4.5.6.7.8.9)의 10차원을 주재하는 인간 (3)을 만들어 '일적십거(一積十鉅)'하겠다고 했다. 적(積)은 쌓는다는 의미이며 거(鉅)는 크고 높고 강하게 하겠다! 라는 의미이다. 그래서 11차원을 완성하여 하늘과 인간이 하나 됨을 실현하겠다는 사상이다.

동양의 오행(五行)사상은 우리 한국인 직계 조상들이 찾아낸 개념이다. 중국 은나라 이후 강태공, 관중들이 활약하던 제나라는 배달국과 단군조선의 조상들이 살던 지역이다. 그래서 고대 과학은 거의 제나라 지역에서 나왔다. 그들은 11진법을 썼다. 그 증거가 옛날 주판이다.

그런데 오행의 목 화 토 금 수는 양의 목 화 토 금 수가 있고 음의 목 화 토 금 수가 음양으로 일대일 대응관계를 구성한다. 도인이란 무엇인가? 응물(應物) 불염물(不染(物) 즉 음의 오행과 양의 오행 10가지를 지닌 사람과 사물을 대하고 더불어 지내되, 그 사람과 사물에 물들지 않는 도를 아는 신선(神仙)같은 사람이 되라는 가르침이었다.

부처님은 보다 구체적 가르침. 즉 도나 신선만이 11차원이 아닌 모든 중생들이 11차원의 본각의 힘을 사용하는 법을 가르치셨다. 즉 (0)이 (0)으로서의 주체가 없는 (0)이라는 것이며, (1) 또한 (1)로서의 주체가 없는 (1)이라는 것을 지금 설명하고 계신다.

그런데 문제가 중생들이 (0)이 있는 줄도 모르고 (0)을 찾을 생각도 않고 오직 눈에 보이는 것만 쫓아가는 개, 돼지처럼 (1.2.3.4.5.6.7.8.9)에만 탐착한다는 것을 어찌하면 좋겠느냐고 무주 보살이 물어보니, (0과 1.2.3.4.5.6.7.8.9)가 원융하게 지내는 지혜를 지금 『금강삼매경』에서 설하고 계시는 것이다.

(0)은 찰나며 시간이다. 그리고 그것은 무념(無念)이어야 한다고 한다.

35

본각리품(本覺利品) 4-8

개에게도 불성이 있다! 라는 말을 모르면
이 공부 못 한다

묻습니다 > 무주 보살이 여쭈었다. 마음으로 '열반'을 얻으면 오직 이제 알아차린 놈의 일각이 시작된 것이오니, 더불어 따라다니는 것이 없어서 항상 열반에 머무르게 있을 수 있습니다. 그렇게 하면 마땅히 해탈을 득하게 되겠습니까?

답한다 > 항상 열반에 머무른다면 그것은 열반의 올가미에 걸리고 마는 것이니라. 왜냐하면 열반이 바로 본각의 이익이며, 본각의 이익 됨이 열반이기는 하지만 열반과 본각은 그 성품이 같기 때문에 (0)에 머무른다면 그것은 작용이 없기 때문이니라. 깨달음의 자성이 본래 없듯이 '욕망의 불이 꺼진 열반'의 자성도 본래 없다. 깨달음은 본래 스스로 일어나는 생함이 없으므로 열반도 생함이 스스로 저절로 되거나 있는 것이 아니다.

그러나 깨달음은 그 본성이 사라짐도 없는 것이므로 열반도 사라짐이라는 것이 없는 것이다. 열반과 깨달음은 본래 그 성품이 다름이 없으므로 성재작용(性在作用) 하여 흐르고 움직이는 것이거늘 '열반'이라는 것'도 '얻는 것'이 아니나니, 열반도 얻을 수 없는데 어찌 열반에 '머무름'이 있다고 하겠느냐?

선남자여, 깨달은 사람은 열반에 머무르지 않느니라. 왜냐하면 각(覺)의 본성은 무생(無生)의 이치를 깨달아서 중생의 선천적 허물을 벗어나며, 본래 공적함! 이라는 것도 없음을 깨달아서 대상을 쫓아 무엇을 이루려는 움직임에서 벗어나는 것이니라. 이러한 경지에 머무르면 마음에 머무는 바가 없어서 밖의 경계와 세상에 나가고 들어감이 있을 수 없게 되어 암마라식에 들어가게 되느니라.

희상 같이 공부하는 분들. 그리고 이런 책을 사서보시는 독자님들이 얼마나 고마운 분들인지 이제 나는 안다. 고등학교 시절부터 50년을 지내온 친구는 한 때 직원 3,000명을 거느리고 있던 사업가였다. 그러나 지금은 아니다. 그 친구를 앞혀놓고 열심히 『금강삼매경』의 무주의 이치와 대력의 원리를 설명했다. 그리고는 뚜껑이 열려서 헤어진 적이 있다. 문제가 뭐였을까? 생각해보니 그에게는 개에게 불성이 있다! 개는 불성이 없다! 라는 고민을 해 본적이 없는 것이었다. 자신의 불성을 (0)으로 설명을 하니, 수학을 알고 산수를 안다고 이 이치를 어찌 알 수 있으랴? 결국 학의 먹이를 여우에게 주니 여우는 화가 나고 여전히 배고플 뿐이었다.

(1)을 (1)이라고 하지 않고 (0)과 (1)이라고 하고, (7)을 (7)이라고 하지 않고 (0)과 (7)이라고 하는 것은 (0)이라는 불성이 설명하기 위해서다. (0)은 홀로 있으면 그냥 (0)이다. 이것이 열반이다. 또 (7)을 (7)이라고 하지 않고 (0과 (7)이라고 하는 것은 (불성의 0)을 설명하기 위해서이며 (깨달음의 0) 혹은 (본각의 0)을 설명하기 위해서이다. 열반의 머무름은 (0과 (7)에서 (7)은 무상한 것이니 (0)을 취하는 것과 같다.

36

본각리품(本覺利品) 4-9

천부경과 해인삼매

묻습니다 > 무주 보살이 여쭈었다. 존자께서 말씀하신 (0)도 (1)도 아닌, 어떠한 숫자로도 표현될 수 없는 '암마라식 공간'은, 어떤 장소가 있는 것도 아니며 그 장소는 얻을 수 있는 곳이 아니라 하셨습니다. 그러면 제가 '암마라식'을 얻으면 법(法)을 '얻은 것'이라 할 수 있겠습니까?

답한다 > 부처님께서 말씀하셨다. 아니니라. 왜냐하면, 비유를 들어보자. 만약 어떤 어리석은 부잣집 아들이 손에 금화(金貨)를 잔뜩 가지고, 그게 금화인줄도 모르고 시방(十方)으로 돌아다니며, 50년이 지나도록 가난과 고난으로 오직 구걸하는 것으로 일을 삼았으나 자기 몸 하나 지탱하기도 부족했던 것과 같으니라. 뒤늦게 그 아버지는 아들의 이러한 사정을 보고 아들에게 일러 말하기를.

"이 녀석아! 너는 금화(金貨)를 지니고 있으면서도 어찌하여 쓸 줄을 몰랐다는 말이냐? 그것만 가지고도 네가 마음대로 필요한 것을 모두 충족할 수 있을 것인데 어찌 그러고 살고 있느냐?" 그 아들은 그 소리를 듣고서야 문득 정신을 차리고 보니 "아 금화(金貨)가 주머니에 있었네요." 하며 그때서야 마음으로 크게 기뻐하며 "이제 나는 금화(金貨)를 얻었다"고 했지만. 그 아버지는 이렇게 말했느니라.

"어리석은 나의 아들아, 너는 기뻐할 것이 없느니라. 네가 '얻었다'는 금화(金貨)는 본래부터 네가 가지고 있던 것이다. 네가 금화(金貨)가 없었는데 새로 얻은 것이 아닌데, 그걸 어찌 기쁜 일이라고 하겠느냐?"

선남자여, '암마라식'도 이와 같으니라.'암마라식'이 없다가, 어느날 갑자기 어디에서 나오는 것도 아니고 이제 네가 '암마라식'으로 들어가는 것도 아니니라. 문제는 옛적에는 어리석었기 때문이지, 없던 것이 아니었으며, 이제 깨달았다고 하여 없던 것이 새로이 들어온 것이 아니니라. 너뿐 아니라, 모든 중생들은 이미 엄청난 보배창고인 '암마라식 보배장'을 가지고 있느니라.

회상 (7)을 (7)이라고 하지 않고 (0과 7)이라고 하는데 그러면 (0)이 생긴 것일까? 그 (0)은 본래 있던 것이다. (7) 자체가 (0)에서 생긴 (7)이기에 그렇다. 이것을 설명해 주는 경전이 천부경(天符經)이다. 일시영시일, 일종영종일 – (1)이 시작되었지만 (0)의 바다에서 생긴 (1)이며, (1)이 끝났지만 (0)의 바다에서 끝난 것이다.

이 말이 부처님이 정각을 이루셨을 때 모든 존재의 실상을 보셨다는 해인삼매(海印三昧)를 정확히 표현 한 것이다. (0)은 바다이며 (1.2.3.4.5.6.7.8.9)는 바다위의 그림자, 바다위의 (1.2.3.4.5.6.7.8.9)라는 의미이다. 모두 상(相)이다! 범소유상은 개시허망 아니었던가?

본각리품(本覺利品) 4-10

성공의 경험이 망한 사람에게는 가장 힘든 허들이 되더라

묻습니다 > 무주 보살이 여쭈었다. 그렇지만 그 아버지는 왜? 아들이 어리석은 줄을 알면서도 50년이 지나도록 사랑스런 아들이 시방으로 돌아다니며 가난과 고난을 겪은 다음에야 비로소 알려주는 것입니까?

답한다 > 부처님께서 말씀하셨다. 50년이 지났다는 것은 한 순간의 마음이 밖으로 육경(六境)을 쫓아 움직였기 때문이요, 시방으로 돌아다녔다는 것은 오랫동안 자신이 알고 있는 자신의 생각으로 계산하며 살았다는 소리이니라.

묻습니다 > 무주 보살이 여쭈었다. 어떠한 것을 '한 순간의 마음이 움직이는 것'이라 합니까?

답한다 > 부처님께서 말씀하셨다. 한 순간의 마음이 움직인다는 것은

눈이 형상을 쫓아 형상에서 경험을 색음(色陰)이라 하고,

자신의 견해로 받아들이고 버리던 경험을 '수음'이라 하고,

자신의 생각이 쌓여있음을 '상음'이라 하고,

그렇게 살아오며 행동했던 경험을 '행음'이라고 하는데,

그 네 가지의 경험이 총체적으로 정리되어 의식으로 기억되어 있는 것을 '식음'이라고 하느니라.

그 오음은 순식간의 찰나에 함께 일어나며, 그 오음이 일어나면, 그것이 방아쇠가 되어 '업'이 자동으로 정산을 위하여 격발이 되므로 자동으로 50악(惡)을 갖추게 되느니라.

회상 이 세상에서 제일 쉬운 길은 자기의 생각을 버리는 것이다. 그런데 이 세상에서 가장 어려운 것도 자기의 생각을 버리는 것 같다. 완전히 쫄딱 망해서 가족도, 친구도 그 어떤 사람도 자신을 만나지 않으려할 때, 아니 만날 자신도 없을 때 그제서야 자신의 생각을 버리는 사람들이 참 많은가보다. 그래서 이 아버지는 자신의 아들이 색 수 상 행 식이 각각 10악을 행하기에, 그 자신이 완전 잘못 생각하고 있었다는 것을 알 때 그래서 10악조차 행할 인연이 모두 끊어져 나갈 때까지 기다린 것이다. 비유하면 투전판에서 그렇게 50년 간 밖으로만 자신이 원하는 '패'를 구하러 다니던 자신의 아들이, 자신의 눈앞에 놓인 전체 '판'의 흐름 속의 '패를 들고 있는 자신'을 읽는 안목이 생기기를 기다린 것이다.

38

본각리품(本覺利品) 4-11

신기(神氣) 있는 사람 과 신동(神童) 그리고 유체이탈 능력자

묻습니다 > 무주 보살이 여쭈었다. 다시 50악을 갖추게 된다고 하셨는데, 어떻게 해야 저 중생이 한순간의 마음도 일으키지 않도록 하겠습니까?

답한다 > 부처님께서 말씀하셨다. 저 중생들로 하여금 자신의 마음과 자신과 동기(同氣) 감응(感應)이 되어 있는 수많은 인연 신(神)들, 그들의 마음도 같이 가라앉혀 자신의 마음을 잡석이 제거된 순금 즉 '금강' 같은 경지에 머물게 두어 마음이 고요하여 일어남이 없게 하고 마음을 항상 태평하게 하면 바로 한순간의 마음도 일어남이 없느니라.

다시 여쭙니다 > 불가사의하옵니다. 생각이 일어나지 않음을 깨달아, 그 마음이 무사태평하면 그것이 바로 (0)의 자리, 암마라식의 자리, 법보장의 자리에서 생하는 본각의 이익일 것입니다. 그 이익은 눈, 귀, 코, 혀, 몸, 뜻의 여섯 뿌리들이 휘어잡아 감아 들어온 인연을 만든 '6경계'를 쫓아 움직임이 없고, 없어지지 않고, 없어지지 않음이라는 것도 없고 깨닫지 못함이 없는 것도 아니며, 밖으로 구하여 얻을 수 있는 깨달음이 따로 없다는 것을 깨달아 알면 그것이 본래의 이익(本利)이요. 본각(本覺)인 듯하옵니다.

깨달음이란 청정하고 오염됨이 없어서 변하거나 바뀌지 않고 모든 것을 결정하는 결정성, 그 자체이기 때문에 헤아려 측량할 수 없습니다.

부처님께서 말씀하셨다. 그러하니라.

회상 초등학교도 가기 전에 수학을 잘하고, 외국어를 잘하고 노래나 무용 등을 잘하는 천재들은 신동이라고 부른다. 신동(神童)은 신이 실린 동자를 말한다. 그러나 신이 떠나면 그냥 우리와 같은 사람이거나, 그보다 못한 경우도 많다. 신들은 올 때도 말없이 오지만 갈 때도 말없이 가기 때문이다.

성인이 되면 신기(神氣) 있는 사람이라고 한다. 일반인들이 많이 찾고 이용도 한다. 그러나 신들이 많이 알기는 하지만, 다 아는 것도 아니어서 나중에 거의 버림을 받는다. 이용하는 사람들이 100% 능력 있는 신이라고 믿었기에 그 믿음이 깨지면 돌아서서 간다. 유체이탈을 하는 수행자들도 있다. 육체에서 이탈된 유체로 시공간을 넘어 많은 것을 보고 알 수 있으므로 강한 나로 생각된다. 그러나 유체는 종이 한 장 들어 올릴 힘이 없다.

이 세 부류의 사람들이 공통적인 문제는 자신의 신(神)과 육체에서 이탈한 유체(流體)가 깨닫지 못한 상태라는 것이다. 육체를 가진 사람들의 의식과 영혼의 영식과 유체의 자기 인식은 여전히 상에 매어있는 존재들이다. 또한 우리 모든 사람들도 최소한 자신의 몸을 구성하는 세포 수 약 60조~100조 가까운 신들과 연결되어 있다. 아버지 쪽의 세세생생 업과 어머니 쪽의 세세생생 업이 자기 자신의 업과 함께 덩어리져 있는 것이다.

그래서 본문의 "중생들로 하여금 자신의 마음과 자신과 동기(同氣) 감응(感應)이 되어 있는 수많은 인연 신(神)들, 그들의 마음도 같이 가라앉혀 자신의 마음을 잡석이 제거된 순금 즉 '금강' 같은 경지에 머물게 두어 마음이 고요하여 일어남이 없게 하고 마음을 항상 태평하게 하면 바로 한순간의 마음도 일어남이 없느니라." 라는 부처님 말씀은 일반인들에게는 거의 99% 불가능하다. 그 이유는 정(定)에 들기가 그렇게 어렵다는 것이다.

이 『금강삼매경』에는 아주 쉬운 방법이 제시되고 있다. 그것은 바로 혜(慧)를 먼저 갖추고 정(定)에 들라는 것이다. 필자가 값 비싼 골

동품인 줄 알고 20여 년간 애지중지 소장하던 물건이 있었다. 그런데 감정을 받아보니 가짜라는 것이다. 몰랐을 땐 소중했으나 알고 나니 참 버리기 쉬웠다. 그러나 도통 이해할 수 없는 사람들이 있다. 나이 60, 70까지 돈을 벌지 못했으면 운이 없어서일까? 돈을 대하는 방법을 잘못 알았던 것 아닐까? 그걸 꼭 가족과 친구와 사회에게서 감정 받아봐야 아나? 자기의 70년 인생이 〈감정평가서〉일 텐데..쯧쯧

39

본각리품(本覺利品) 4-12

본각의 이익위한 무주 보살의 게송

답합니다 > 무주 보살이 이 말씀을 듣고 처음 있는 일이라 느껴 게송
으로 답 하였습니다.

존경하는 대각이신 우리들의 스승께서
무념에서 생하는법 그심법을 주시오니
무념무생 그마음법 망념없고 생함없어
시공간을 넘나들며 대우주의 마음일세.

무념마음 무생마음 항상생생 멸함없고
대우주의 본각본체 우리들이 갖고있어
일각으로 본각이익 일체중생 깨치려면
깨우침이 따로없이 그들이미 깨어있네

어리석은 아들녀석 잊고살던 주머니속

금은보화 지금이제 얻었다고 바보같이
좋아해도 알고보니 그깨우침 그보배가
원래부터 있던거지 얻은것이 아니구나.

그 때에 대중들은 이 말씀을 듣고 모두 무주 보살의 이름처럼 (0 과
1)에서 (0)에도 머물지 않고 (1)에도 머물지 않는 무주의 그 마음인
본각의 이익 됨인 '반야바라밀'을 얻었다.

Part *3*

문제에서
벗어나는 방법

10차원에서 11차원으로

❋ 입실제품

40

입실제품(入實際品) 5-1

원지소재(願之所在)가 바르면
천지역수지(天地亦隨之)였을 것

이에 여래께서 이와 같은 말씀을 하셨다. 모든 보살들은 '본각의 이 익'에 깊이 들어가야 중생을 제도할 수 있느니라. 만일 후세에 '때 아닌 때'에는 진여에 부응하여 존재의 실상에 대해 법을 설할지라 도 아직 일체 중생들이 깨우침을 얻을 '천시(天時)와 지리(地利)'가 다 갖추어지지 않아 그대들이 아무리 법계의 이치에 맞게 하건, 어긋 나게 하건 진여에 부응한다고 하기도 어렵고 그것이 진여와 다르다 고 하기도 어려울 것이니라.

진여에 부응하여 존재를 설명한다 함은 인간과 신들의 모든 감정 (感情)으로 오염된 그들 자신의 인식 체계를 세상으로 가지와 내가 둘이 아니라 하나임을 체득하는 지혜로 이끌어 그 일체지(一切智)의 '대 우주 살바야 바다'로 흘러 들어가게 해서 중생들로 하여금 자신 들의 카르마로 그렇다고 여겨지고, 그렇다고 느껴지는 허망한 감 정의 바람에 휩쓸리지 않게 하여야 모두 저들로 하여금 한 가지 맛

146

그 지혜의 젖줄인 일미(一味)의 신비한 법계 어머니의 젖과 같은 신유(神乳)를 먹을 수 있는 것이니라.

본각의 그 자리는 사람들과 신들이 둘이 아닌 하나로 존재하는 장소가 세간이라고 하지만, 세간이 아닌 출세간이기도 하며 나와 세상이 하나가 된 그 자리는 '머무는 곳'이라고 하나, 어느 한 장소를 일컫는 것도 아니니라.

색, 수, 상, 행, 식이라는 우리 육신의 다섯 가지 인식의 기억 무더기들이 진여의 세계로 보면 모두 다섯 가지 공으로 있다는 '유(有)'에서 나(我)가, 텅 비어있다는 '공(空)'으로 들어간다고 말은 하지만 '비어있지만 꽉 차있는 허공'인 '공(空)의 세계'는 취하고 물질과 반물질의 결합으로 이루어진 '있지만 세간의 '유(有) 즉 색(色)'의 세계는 버리라는 소리가 아니니라.

회상 20대 초반에 나는 내가 발심을 했다고 생각했고, 2001년 9.11 테러 이후에 어려움에 빠졌을 때 또 발심을 한줄 알았고, 회사를 그만두고 개인 사업을 시작했을 때도 발심을 한줄 알았고, NGO 단체를 만들어 아프리카 베트남 일을 시작할 때 나는 내가 또 발심을 한줄 알았다. 그런데 『금강삼매경』을 공부하다 보니 나의 발심은 엉터리였다. 왜일까?

발원이 있고- 원지소재 (願之所在)

뜻이 있는 곳에 - 지지소재 (志之所在)

기운 또한 따라가고- 기역수지 (氣亦隨之)

기운이 있는 곳에- 기지소재 (氣之所在)

하늘 과 땅의 천기 기운이 따라 가느니라 - 천지역수지 (天地亦隨之)

발심은 엄청난 힘이 있다. 그런데 나는 아직 내가 원하는 곳에 있지 않다.

그 원인은 발심의 원이 미약했던 것이다.

41

입실제품(入實際品) 5-2

운명의 주인이 되려면 결정심을 찾아 쓸 줄 알아야 한다

대력이여! 그렇게 모든 법(法)은 공상(空相), 즉 공의 모습이나 그 본성은 있는 것도, 없는 것도 아니요, '없는 것'이 아니지만, 없지 않은 것도 아니니라. 없지 않다고 해서, 있다는 것도 아니고 '결정된 바탕/ 근원'은 없는 것이어서 있다는 것에도, 없다는 것에도 머무르지 않기 때문이니라.

그러니 저 '있다' '없다'라는 유무(有無)의 병에 걸려 분별하는 범부나 성인의 지혜로는 측량할 수 있는 것이 아니니라. 모든 중생을 제도하려는 보살들이 만일 제법이 공상이라는 이익을 알 것 같으면 바로 보리(깨달음)를 얻으리라. 그 때 대중 가운데 한 보살이 있었는데 큰 능력과 힘을 가지고 있기에 대력(大力)이라고 하는 보살이었다.

그는 바로 자리에서 일어나 부처님 앞에서 여쭈었다.

회상 『금강삼매경』의 핵심을 나는 '결정심'으로 보았다. 무엇인가에 떠밀려서 어딘가로 가고 있다는 느낌은 살면서 수없이 받았다. 나는 어떤 메트릭스에 갇혀 전체속의 부분으로 어떤 역할을 하고 있구나! 라는 생각이 들었다. 결국 나는 내 인생의 주인이 아니었다. 그렇다면 기독교와 불교의 차이점을 나는 알 수 없었다.

그러다가 '결정심의 바탕/ 근원'은 없는 것이어서 있다는 것에도, 없다는 것에도 머무르지 않는 것이라는 말의 의미를 깨닫는 날이 왔다. 그것이 초발심이 정각이라는 말을 이해하게 해주었다. 수학적으로는 (0과 1)사이에 존재하는 수와 (1)과 무한대 사이에 존재하는 수의 개수는 같다! 라는 것이 아주 큰 도움이 되었다. 생각해보니 (1)을 무한대로 나누면 (0)이 되고, (1)을 또 무한대로 나누면 (0)이 되니 (0)과 무한대가 같은 것을 확인할 수도 있었다.

그러면 사주와 운명의 매트릭스를 버리고 내가 내 운명과 삶의 주인공이 되는 길은 여래의 매트릭스로 살 수 있겠다고 생각했다. 아주 정확했다. 자신의 삶이 주인공이 되려면 결정권을 가져야 한다. 그 결정권은 신심에서 나오고, 그 신심(信心)은 개도 모기도 나도 남도.
(0 과 개), (0 과 모기) (0 과 나) (0 과 미운 사람). 등의 (0)으로 표현 된 불성을 가지고 있다는 것을 믿는 마음이었다. 그러나 조주 스님은 항상 이렇게 답했다.

"개에게도 불성이 있습니까?"

"없다!"

"아니 만물에 불성이 있다하시면서 개는 왜 불성이 없다 하십니까?"

"있다!"

왜 이렇게 답하셨을까? 이유는 하나다 (0)은 (0) 이 아니고, 무한대 (∞)가 될 수도 있음을 스스로 알게 하기 위해서였을 것이다.

입실제품(入實際品) 5-3

복(福) 없는 사람은 발심(發心)을 안 한다!
할 줄을 모른다

묻습니다 > 세존이시여, 부처님께서 말씀하신대로 색, 수, 상, 행, 식이라는 인간의 세상 인식(認識) 법(法)인 식심(識心)의 근원! 그 식심의 '다섯 가지 공'에서 나가고 들어감에 취하고 버림이 있을 수 없다고 하셨는데, 어찌하여 다섯 가지 공에서는 취하고 버림이 없다는 것입니까?

답한다 > 부처님께서 말씀하셨다. 보살아 다섯 가지 공(空)이란

1-a. 윤회한다는 것!

1-b. 그리고 몸과 마음이 없는 것이지만 있다는 것!

1-c. 또 인식하는 마음이 있다는 것 그 세 가지 있음의 유(有)가 모두 공(空)이요.

2. 지옥, 아귀, 축생, 인간, 아수라, 천상의 6도(道)도 모두 공(空)이며,

3. 그렇다고 알고 있어 그렇다고 믿는 모든 법의 모습도 공(空)이
   요,
4. 이름 지워진 모든 것들의 존재인 명상(名相)도 공(空)이며,
5. 마음, 의식, 뜻 그 심식(心識) 마저도 공(空)임을 말하느니라.

보살이여, 이와 같은 모든 존재들이 형성된 '법의 공(空)'들은 공(空)
의 성격을 지니고 있지만, 공(空)에 머물지 아니하며, 공(空)이지
만, 공(空)의 모습이라는 상이 없거늘 상(相)이 없는 법에 어찌 취하
고 버림이 있을 수 있겠는가?

돈, 명예, 건강 등 모든 바라는 것들이 그 본성이 취할 것이 없는 존
재라는 것을 깨달아 아는 경지에 들어가면 '공상(空相)' & '공공(空
空)' & '소공(所功)' 이라는 세 가지 공(空)에 들어가게 되느니라.

회상 어제는 불교대학 수업 날이었다. 마침 오랜 친구 둘이 수업을
들으러 왔다. 친구들이니 열심히 예를 들어가며 설명을 해 주었다.
90분의 수업이 끝나고 거의 두 시간이나 눈을 초롱초롱하게 뜨고
수업을 듣는 친구들이 기특해서 나는 먹지도 않는 치킨 집에 가서
맥주와 치킨을 마음껏 먹게 했다. 그랬는데. 내가 무슨 말을 하는
지 하나도 이해를 못하겠다고 했다. 한 친구는 자기는 나를 자주 만
나서 나를 좀 안다면서 자기가 다른 친구에게 해석을 해주는 것을
옆에서 들었다. 입에서 나는 나무아미타불 관세음보살 염불이 저

절로 나왔다.

집에 가서도 고민을 했다. 왜 못 알아들었지? 새벽녘에 답을 알았다. 그들은 개에게 불성이 있는지 없는지, 왜 있다고 하다가 없다고 하는지? 그런 고민을 해 본적이 없는 친구들이었다. 불교에서 가장 중요한 사상은 공(空)이다. 공을 비유한 것이 나는 (0 과 9), 집 사람은 (0 과 11) 이었다. 물론 공을 모르는 사람은 색만을 보니 (나는 9) (집 사람은 11)로 본다. 물론 색즉시공이고 공즉시색이니 그게 그거다. 그러나 그런 지견(智見)으로는 공의 힘을 쓰지 못한다. 공의 힘을 쓸 줄 알아야 대력 보살처럼 막강한 힘을 지니게 된다.

"발원이 있고 – 뜻이 있는 곳에 – 기운 또한 따라가고 –
기운이 있는 곳에 – 하늘 과 땅의 천기 기운이 따라 가느니라"

천지 기운을 다 써야 할 것 아닌가? 발원은 아프리카에 학교를 세우겠다가 아니라 (0)을 사용하겠다는 것이다. 불성을 사용하겠다는 것이다. 그게 발심이다. 불성의 힘을 믿는 것이 결정심이며, 진정한 신심이며, 그래야 초발심이 정각이 된다.

친구들이 왜 못 알아들었는지 답은 간단하게 나왔다. 그들은 이런 발심과 발원을 한 적이 없다. 할 생각도 안 했다. 생각을 했으면 불교의 공에 대한 공부를 했을 것이다. 그러나 내 친구들은 그 공부를 하려고 책을 사거나, 어느 책을 사야하나? 라고 나에게 단 한 번도 물어본 적이 없다. 그들이 앞날이 걱정이 된다. 그러나 우리 가족들도 마찬가지 아닌가? 그래서 나는 같이 공부하신 분들에게 너무나 감사하고 존경 드리고 싶다. 그들이 자신의 삶의 결정권을 가지고 대력을 사용하게 해드릴 것이다. 친구들이나 가족들은 아직 인연이 도래하지 않았나 보다. 이래서 부처님이 인연 없는 중생은 제도할 수 없다고 하셨나보다.

입실제품(入實際品) 5-4

모든 보살의 발심은 여래의 종자가 끊기지 않게 하려는 발심이다

묻습니다 > 대력 보살이 여쭈었다. 어떠한 것이 세 가지 공(空)입니까? 공(空)에 세 종류가 있다는 말씀입니까?

답한다 > 부처님께서 말씀하셨다. 세 가지 공(空)이란 공상(空相)이라고 하지만, 있지만 기실은 없기에 그것은 공(空)한 것이니라. 다시 말해 '있기도 하고 없기도 하다'는 것을 '공공(空空)'이라고 하지만, 그 또한 공한 것이며, 이렇게 내가 말하는 것도 '소공'이라고 말하기는 하지만 그것마저도 공한 것을 말하느니라. 이와 같은 공(空)들은 세 가지 상(相)놀음에 머무르지 아니하여 '범소유상 개시허망'을 알고 행하니, 그 행에 진실하지 않음이 없고 그렇게 형상이 없는 마음은 문자와 언어의 길이 끊어져 헤아릴 수 없느니라.

묻습니다 > 대력 보살이 여쭈었다. 진여 진실이 없는 것이 아니라면, 진실의 모습은 마땅히 어떤 형상이 있어야 하는 것 아닙니까?

답한다 > 부처님께서 말씀하셨다. '없다'가 '없음'에 머무르지 아니하고, '없음'이 아니라고 해서 '있음'도 아니니라. '있음'이 아닌 법이라고 해서 '없음'에 가서 머무르지 않느니라.

'형상이 없음'이라는 식심이 만든 상도 '있음'에 나아가 머무르지 않으니 하늘이 만들어지기 이전에 있었고, 땅이 다하여 없어진 곳에도 존재하는 무상심, 반야심은 '있음'과 '없음'로서 이치를 드러낼 수 있는 것이 아니니라. 보살이여, 반야심 즉 무상심의 이름과 뜻이 없는 모습은 생각으로는 안 되는 것이니라. 왜냐하면 '이름 지을 수 없는 이름'이라 하여 '이름이 없는 것'이 아니며, 뜻을 나타낼 수 없다! 라는 뜻이라 하여 뜻이 없는 것도 아니기 때문이니라.

회상 ▶ 발심은 불교 공부를 하며 자기 욕망을 지혜로 이루려고 하는 것에서부터 시작하는 것이 맞다. 이해가 된다. 그러나 욕망이 공임을 또한 반드시, 필히 확실히 알아야한다.

예를 들어 첫째: "돈 10억이 필요하다!" 라고 하자. 그 10억은 어떤 일을 위해 필요한 것일 것이다. 그 필요한 일이 공상(空相)임을 당신은 안다. 공상이라 함은 조건과 조건이 모여야 하기 때문이다.

둘째: 10억의 인연이 모이다! 이다. 인연은 일이 아니라 사람이다. 그 일에 동참하는 사람, 그 일에서 이익을 보려는 사람, 당신에

게 은혜를 갚으려는 사람이나 금융기관들이 있다. 그들은 각자 그들 나름대로의 계산이 있다. 그래서 모두 공(空)인 조건을 따라, 역시 공(空)인 인연이 모였기 때문이다. 그래서 공공(空空)이다.

셋째: 10억의 돈이 생겼다. 그 돈은 부채일 수도 있고, 수익일 수도 있고, 그 중에 당신이 당장 써야할 돈도 있고, 가족들과 친구들에게 쓸 돈이 있을 수가 있다. 처음 발원한대로 돈 10억이 생겼지만 돈의 성격이 공인 것이다. 그래서 소공(所空)이라고 한다.

이제 당신은 필요했던 돈 10억의 조건, 그 10억의 인연, 그 인연의 결과인 10억을 소유하고 있다. 그러나 (0 속의 조건), (0 속의 인연), (0 속의 돈) 임도 잊지 않아야 한다.

당신이 잊지 않고 있는 (0 속의 조건/인연/돈 10억)은 색(色)으로는 그냥 10억이다. 그러나 공(空)으로는 그 돈은 무상심이고 반야심으로 마음으로 당신이 대하고 다루어야 한다는 것이다.

왜? 조건에게도, 인연에게도 사람에게도 돈에게도 모두 (0)이라는 여래의 종자에서 발현된 것들이기 때문이다. 이 (0)이라는 여래의 종자를 끊어지지 않게 하고, 일체 세계에 가득하게 하려하고, 일체 중생을 해탈하게 하려하고, 일체 중생에게 여래 종자의 (0)의 안목을 갖게 하려고하고, 일체의 어려움과 막힘과 업이 모두 여래 종자에서 나온 것임을 알고 그 업에서 해탈하게 하려는 것이 진정한 여래가 선호념하고 선부촉하는 보살이기 때문이다.

이렇게 발심하면 엄청난 힘과 능력과 지혜를 갖게 된다

묻습니다 > 대력 보살이 여쭈었다. 우리의 본래 마음은 어디 있는 것도 아니고 '이름 지을 수 없는 이름'을 갖고 있다 하였습니다. 그렇다고 '이름이 없는 것'이 아니며, 또한 우리 본래 마음이 가진 뜻을 나타낼 수 없다! 라고 하여, 우리 본래 마음에 뜻이 없는 것이 아니기도 하셨습니다. 그냥 그대로 우리 본래 마음의 이름과 뜻은 진실하고 '있는 마음 그대로의 상(相)' 이며 그렇게 해서 갖게 된 '있는 마음 그대로의 상'입니다.

그렇다고 해서 '우리 본래 마음의 여여함'은 항상 그 '여여함'에 머무르지도 않으며 '본래 마음의 여여함'이 또 어떤 여여한 상이 있는 것은 아니며 그렇다고 있는 마음 그대로의 상(相)에 여여함이 없다고 해서 '있는 마음 그대로의 여여함'이 없다고 할 수는 없습니다. 중생의 '마음의 상'도 그 상이 그대로 '여래의 상'이니 중생의 마음이라고 해서 부처와 다른 특별한 어떤 경지가 있는 것은 아니겠습니다.

저의 이해가 맞는 것인가요?

회상 화엄경 초발심 「공덕품」은 우리 운명의 업의 그물을 쥐고 있는 제석천왕이 법혜 보살에게 질문하고 답을 구하는 것으로 이루어져 있다.

보살들은 일체 중생에게 올바른 발심을 하게하고, 올바른 발심을 한 사람을 그 어떤 보상보다도 크게 보상을 한다는 설명이 나온다. 일체 중생이 어디서 태어나 어디서 죽는지를 알게 하려고 발심하며, 일체 중생의 근심과 방편을 알려고 발심하며, 삼계의 모든 중생의 마음을 알려고 발심한다는 것이다.

그런 올바른 발심을 하였기에, 항상 삼세의 부처님이 호념하시는 바가 되며, 일을 부촉하시게 되며, 부처님이 보리를 얻게 하시며, 묘한 법을 주신다는 것이다. 또한 당연히 부처님의 지혜와 힘을 주시는 것이라고 한다. 그래서 대력 보살이 등장하는 것이 「입실제품」이다. 쉽다. (0과 그들)을 보고 그들에게도 (0)의 종성이 끊어지지 않게 하는 것 그것 하나뿐이다.

입실제품(入實際品) 5-6

100억과 이중슬릿 실험
(영어: Double-slit experiment)

묻습니다 > 대력 보살이 여쭈었다. 만일 마음이 깨끗할 것 같으면 모든 경계는 생기지 않을 것이니, 이 마음이 청정할 때는 마땅히 삼계가 없겠습니다. 그렇지 않을까요?

답한다 > 부처님께서 말씀하셨다. 그러하니라. 보살이여, 힘든 일, 괴로운 일, 마약, 술, 담배, 돈, 사랑, 명예, 화나는 마음 등 그 마음이 경계를 발생시킨 것이 아니고 그러한 모든 경계도 마음을 일으키지 않느니라. 오직 자신의 카르마가 밖으로 투영되어 경계로 펼쳐지는 것이니라. 왜냐하면 보이는 모든 경계는 오직 마음이 보는 바에 따라서 그렇게 존재할 뿐이니 마음에 '인연 따라, 업(業) 따라 일어나는' 환화(幻化)만 없으면 '보이는 바'도 존재할 수 없기 때문이니라.

그러니 보살이여, 자기 스스로 자신은 그냥 먹고 살고, 돈도 벌고,

명예로 갖고 싶은, 그저 그런 중생이라는 생각을 내려놓아야 하느니라.

단. 세 가지

첫째 : 스스로 계산하여 반연해오는 인연에 스스로 집착하는 성품

둘째 : 반드시 다른 조건에 의지해서 생겨나는 성품

셋째 : 그러나 본래 모든 것을 갖춘 성품 그 추구하는 세 가지 성품
　　　도 모두 공(空)한 것이며, 적(寂)한 것임을 알아야 하느니라.

나는 이런 사람이라고 자기라고 주장할 수많은 근거들도 사실은 없고, 저 사람은 어떤 사람이라고 주장하는 '남'이라는 생각도 그 본체가 없는 것이니라. 인간계와 천상계의 모든 무리들도 사실은 없느니라. 그리하여 자신의 진정한 행위자, 진실한 자기, 주인공을 만나기 위해 진실하고 여실한 세계로 들어가는 두 가지의 들어감(二入)의 과정에 있어서도 역시 의심하는 마음을 일으키지 않게 되는 것이니라. 이러한 진정한 행위가 발생되는 자리에 작용됨의 이익을 얻으면 있다고 여겨지던 욕계, 색계, 무색계의 삼계의 세상 자체가 없는 것이니라.

회상 이중슬릿 실험(영어: Double-slit experiment)은 양자역학에서 실험 대상의 파동성과 입자성을 구분하는 실험이다. 실험 대상을 이중슬릿 실험 장치에 통과시키면 그것이 파동이냐 입자이냐에 따라 결과 값이 달라진다. 파동은 간섭의 성질을 가지고 있다. 따

라서 파동이 양쪽 슬릿을 빠져나오게 되면 간섭이 작용하고 뒤쪽 스크린에 간섭무늬가 나타난다. 반면 입자는 이러한 특성이 없으므로 간섭무늬가 나타나지 않는다. 이 두 가지 상의 차이를 통해 실험 물질이 입자인지 파동인지를 구분한다.

19세가 초에 토마스 영이 빛의 입자인 광자(光子)를 가지고 이 실험을 했었다. 그런데 그 이후 드브로이가 빛의 입자가 아닌 물질을 가지고 같은 실험을 했다. 그 후 계속적인 결과로 관자 뿐 아니라 원자 더 나아가 분자까지 안 보면 파동이고 보면 입자가 되는 것을 확인했다. 실험을 할 기기가 없어서 그렇지 사람 몸과 백두산과 지구 전체를 가지고 이중슬릿 실험을 할 수 있다면 모두 입자성과 파동성을 다 가지고 있다는 색즉시공 공즉시색에 증명된 것이다.

예를 들어 필자가 (0과 6)이고 필요한 돈이 (0과 100억) 일 때 대력 보살은 어떻게 하였을까? 대력 보살은 (6과 100억)이 상(相)처럼 보이지만 공임을 안다. (6과 100억)을 보고 생각하고 고민하고 계획하면 (6과 100억)은 입자가 된다. 그러나 6이기는 하지만 공인 (6이고 100억)이기는 하지만 공인 100억으로 진실을 본다면 어떻게 될까? (6과 100억)은 파동이 된다. 그리고 시공간 어디에선가 (6과 100억)이 입자가 되고 원자가 되고 분자가 되는 물질파 공명을 일으켜 내게 100억을 갖다 놓는다.

입실제품(入實際品) 5-7

11차원으로 들어가는 두 가지 중 이입

묻습니다 > 대력 보살이 여쭈었다. 어떠한 것이 본래 그 자리로 들어가는 두 가지 방법에 있어서 한 마음, 한 생각도 일으키지 않는 것이며 그 마음은 본래 일어남이 없는 것이라고 하셨는데 어떤 마음으로 어떻게 들어간다고 말씀하십니까?

답한다 > 부처님께서 말씀하셨다. 본래 그 자리로 들어가는 두 가지 방법은

첫째 위 이입(謂理入)은 이치로 그 열쇠 구멍 속으로 들어감을 '이입(理入)'이요,

둘째 위 행입(謂行入)은 행함으로 그 열쇠 구멍 속으로 들어감을 '행입(行入)'이라고 하느니라.

즉 이치로 진실세계인 11차원에 들어간다! 고 함은, 불법의 이치를 깊이 믿고 있는 중생들이 자신들의 마음 바탕이, 진정한 행위자의,

주인공의, 여래의, 즉 존재의 참된 바탕과 다르지 않아 존재의 실상과 하나도 아니요, 공동으로 공유하고 있는 상태도 아니라는 것을 알아야 하느니라. 다만 생각의 번뇌에 가리어, 마음의 눈에 가리개가 덮여서 자신의 실체를 보고 믿지 못할 뿐! 가지도 않고 오지도 않으며 마음을 깨우침의 관법(覺觀)으로 반연된 인연이 모두 공임을 집중하면서 자신의 몸속에 내재된 그 성품을 잘 관찰하면서도 성품은 작용에 있음을 잊지 않고 마치 '봄(觀)'이라고 하는 것이 허공에 있는 것도 아니요, 그렇다고 성품이 내 안이 아닌 밖의 허공에 없는 것도 아님을 알아야 하느니라. 성품은 작용이 있으나 누구에게도 있으며 어느 누구도 볼 수 없음과 같으니라. 그러하기에 개나리꽃이 내가 봄이며, 고로쇠나무는 봄이 아니라고 할 수도 없는 것과 같으니라. 우리는 봄을 개나리꽃과 고로쇠나무와 그리고 일체 개개만물을 통해 봄을 볼 수 있는 것이니라.

회상 우리가 사는 세계는 10차원이다. 10차원 (0.1.2.3.4.5.6.7.8.9)의 십진법의 수로 표현이 된다. 그러나 진실세계 즉 법계는 11차원이다. (0.1.2.3.4.5.6.7.8.9.10)이다. 이렇게 적으면 이것은 10진법이 아니라 11진법이 되는 표기이다. 우리는 지금 아무렇지도 않게 (10)을 쓰고 사용하고 있으나, (10)이라는 수(數)의 학(學)은 지금껏 필자가 말한 (0과 1이 원융한 세계)를 말한다. 예를 들어 (30)이라고 적는 수(數)의 학(學)은 (3과 0이 원융했을 때 표현할 수 있는 수이다.

마치 호흡(呼吸)중에 숨 쉬고 내쉬는 것만을 '숨'이라고 하는 범부와 호흡지간(呼吸之間)의 그 간격(間隔)의 텅 빈 찰나가 호흡(呼吸)이라는 작용 속에 있음을 아는 사람이 둘이 아니듯 사람의 마음이 꽃 속에 '봄(觀)'이 있고, 나무속에 '봄(觀)'이 있음을 아는 금강 같은 마음의 경지에 머무름을 말하는 것이니라. 그렇게 본래 그 자리에 굳게 머무른 채, 여기저기 옮겨 다니지 아니하며, 따로 본래 그 자리 혹은 '열쇠 구멍'을 찾아 그곳에 안주하려는 인위적인 조작이 없고 이것이다. 저것이다. 옳다. 그르다. 등으로 분별함이 없으니 이러한 것을 이름 하여, 이치로 들어가는 이입(理入)이라고 부르는 것이니라.

회상 11차원에서의 (10)은 깨달음 즉 찰나의 시간적 공간이다. 이것을 표현할 길이 없어 동양에서는 (10)을 십(十)이라고 표기했고, 이 11차원을 기독교에서는 십자가의 십(十)으로 즉 천국의 의미로 사용했다. 이 의미를 알아야 '이입(理入)' 즉 이치로 11차원에 들어간다. '금강 같은 마음의 경지에 머무름'이란 무념무상의 시간적 개념이다. 시간이 11차원의 하나의 중요 차원을 구성한다.

11차원으로 들어가는 두 가지 중 행입 1

반면에 행입(行入)이라고 하는 것은, 좌선과 달리 모든 생활의 행위를 함에 있어서 마음이 바깥 경계를 쫓아 어디 한쪽으로 기울거나 마음의 그림자인 색, 성, 향, 미, 촉, 법의 경계나 생각의 잔상에 따라 그때그때 변함이 없이 행동해야 하느니라. 그저 작용이 일어나는 모든 곳에서 고요히 투사되어 나타나는 모든 경계를 관(觀)하기만 할 뿐, 피하거나 구할 바가 없어져서 경계의 바람이 두들겨도 경망스레 움직이지 않기가 마치 대지(大地)와 같이 굳건함을 말하느니라. 그렇게 밖으로 대상에도 속지 않고, 안으로 주체에도 속지 않고 단지 아직 모든 존재의 실상과 법계의 살림살이를 모르는 일체중생을 구제하고 제도하되 그들과 다르다는 마음의 생(生)함도 없고, 그들과 다르다는 마음의 상(相)도 내세우지 않는 모습으로, 모든 인연을 마치 빈 호두인 줄 알면서도 호두를 까고 먹고 나누는 깨어있는 사람들처럼, 경계를 취하지도 않고, 버리지도 않은 채, 행하는 것을 말함이니라.

회상 화엄경에서의 십(十)은 (10)이 아니다. 화엄경을 설하실 때 부처님은 모든 것을 십(十)이라는 계위를 중요시 하셨다. 십신(十信), 십행(十行), 십주(十住), 십회향(十回向)등은 모두 11차원적 표현이다. 믿음과 행동과 머무름과 회향이 (0.1.2.3.4.5.6.7.8.9)의 십진법(十進法)의 10차원 세상에서 11차원을 표시하려면 (0신), (0행), (0주), (0회향)을 써야하기 때문이다. 그래서 이치가 아닌 실전에서 일어나고 있는 화엄세계에서의 (10)은 우리가 알고 있는 (10)이 전혀 아니다. 원효 스님 및 당대의 화엄학을 펼치던 스님들은 돈이 11차원의 존재임을 알고 있었다. 그래서 10전(錢)의 비유를 즐겨 사용하셨다. 행입(行入)은 내가 (나라는 상과 0)이면 상대방도 (0과 상대방의 상) 이기에 나의 (0)으로 그의 (0)을 대하며 행동 하는 것을 말한다. 이것이 공덕이며 바라밀 행이다.

11차원으로 들어가는 두 가지 중 행입 2

답한다 > 보살이여, 11차원에서의 그 (10의 0)에서의 그 순수 무잡의 청정한 '마음'인 (0)은 나가고, 들어옴이 없고 나가고 들어오는 것이 없더라도 들어오기는 하되, 들어오는 것이라고 할 수도 없으므로 그냥 그 이름을 '공문(空門)에 들어왔다'로 부를 뿐이니라. '공문(空門)에 들어왔다' 함은 육신(肉身)너머 청정한 법신(法身)의 법을 갖게 되는 것이다. 그리하여 일체 중생을 보살피고 이끌어줄 수 있게 되는 것이니라.

보살이여, 이와 같이 진여의 세계 즉 '공문(空門)에 들어가는 법'인 그 이치로 들어가는 방법과 행동으로 들어가는 법의 모습은 헛되이 공(空)하지 아니하며, 그 두 가지 방법으로 성취하게 되는 그 법은 공(空)이면서도 불공(不空)으로 성취되기에 헛되이 버려지는 않느니라. 왜냐하면 없다는 것이 아닌 이 불공성취의 법은 우주 생명 에너지로 모든 것을 이루는 공덕을 갖추고 있으며, 그렇다고 우주의 마음도 아니요, 마음의 그림자도 아니며, 그 자체의 진여법으로 청정하여 일체 중생도 또한 청정하게 할 수 있기 때문이니라.

회상 그 동안 많은 방생을 해왔다. 동해 서해 남해 네덜란드에서 북해바다에서도 했다. 그 당시의 발심이 사적인 것을 부인하지는 않겠다. 그러나 11차원의 (0과 내) 가 (맛있는 물고기 뱀장어와 0)을 방생할 때 공덕은 쌓여있다. 나의 (0)이 뱀장어의 (0)과 원융이 되었기 때문이다. 생각 없이 했으면 금생 발복했겠지만, 계산으로 했기에 언젠가 불공성취가 이루어질 수밖에 없다는 것을 나는 법계계산법으로 알고 있다. 모르고 한 공덕도, 놀부 방생도 불공성취의 힘이 있다. 단 열매가 다음 생이나 그 뒤로 미루어진다. 행위자가 무념의 찰나 시간이 아닌 자신이 바라는 시간으로 가졌기에, 11차원의 핵심요소인 〈시간〉을 10차원에서 10진법의 계산으로 쥐고 있기 때문이다.

입실제품(入實際品) 5-10

그 아이가 바보였을까?
그 부모와 선생이 멍청이였을까?

묻습니다 > 대력 보살이 여쭈었다. 무엇이 마음도 아니요 그림자도 아니며, 법이 있는 그때 그 모습으로 청정하다고 합니까? 그것이 '하늘 법'입니까?

답한다 > 부처님께서 말씀하셨다. 공(空)하고 여여(如如)한 법은 사람들이 우주 법이라고도 하고 하늘 법이라고도 하느니라. 그러나 인간의 법이기도 하느니라. 그들이 법계의 운용원리를 모를 뿐! 이 공(空)한 법은 마음이나 인식으로 간파되는 법이 아니요, 마음이 조작이나 부림을 당해서 생긴 것도 아니니라. 그렇다고 의미 없는 공한 모습의 법도 아니며, 또한 욕망의 세계의 물질적인 모습의 법도 아니니라. 물론 중생들이 원하는 바인 마음의 유위(有爲)와 서로 응하지 않는 법도 아니며, 그렇다고 모든 욕망을 여읜 마음의 무위(無爲)와만 서로 응하는 법도 아니니라. 그렇다고 해서 마음의 그림자도 아니며 또한 말이나 글이나 형상으로 현상계에 모습으로 드러내어 보이는 것도 아니니라. 이 우주 법 하늘 법은 자성(自性)이 있는 것도 아니며, 우리들의 자성과 다른 것도 아니요, 무엇이라고 정해둔 이름도 아니며, 모습도 아니요, 뜻도 아니니라. 어째서인가? '뜻'으로는 '여여함'이라는 것을 나타낼 수 없기 때문이니라.

허나 '여여함'을 나타내어 보일 수 없는 이 천상의 법이라는 공법도 '여여함'이 없다고도 할 수 없는 것이고, 없다는 것도 있을 수 없으며, 그렇다고 '여여함'이 없는 법이 따로 존재하고 있다는 것도 아니니라. 왜냐하면 근본 이치인 이 '천상(天上)의 법'은 이치도 아니며 근본도 아니요, 모든 쟁론(爭論)을 떠나있는 것이니 그 모습을 육안으로 볼 수도 없기 때문이니라. 보살이여, 이와 같이 청정한 우주 법, 하늘 법, 천상천하 두루 관통법은 '생(生)'으로 '생(生)'하겠다고 해서 '생(生)' 하는 것이 아니고, '멸(滅)'로 '멸(滅)' 하려고 해서 '멸(滅)' 해지는 것도 아니니라.

회상 우리는 1,230,000원을 123만원으로 적고 읽고 알고 있으며 그렇게 상호 협의했다.
그런데 앞으로 (1.2.3)은 우리가 알고 있는 (1.2.3) 은 아니다. 제일 먼저의 (1)은 1,000,000원을 의미한다. 그 다음의 (2)는 100,000원이 두 개 더해있음을 의미한다. 마지막의 (3)도 그냥 (3)이 아니다. 10,000원 짜리가 세 개 있다! 라는 소리다. 11차원의 하늘 법에 맞는 11진법을 10차원 중생들이 10진법으로 표기하자니 그냥 1,230,000이라고 적는 것이다. 11+14의 답을 7로 생각한 학생은 인간의 약속의 법은 몰랐고, 하늘 법대로 그냥 자신의 답을 적은 것이다.

우리 인간들은 우주법을 육안으로 볼 수 없기에 (0)의 진정한 낙처를 모른다. 『화엄경』에선 10원으로 100억을 만드는 것이 어려운 일이 아니다. 10원과 100억 사이에는 (0)이 9개 더 들어가야만 한다. 그 9개는 그냥 인간 세상의 9개가 아니다. (0) 한 개에서 (0) 두 개로 올라서려면 (0) 두 개를 볼 수 있는 공덕이 쌓여야 한다.

원효 의상스님이 밝히신 돈의 이치

마음! 도, 그리고 법(法)이라함도 그 자체는 공(空)하여 없는 것이다. 저 '마음의 공'도. '진정한 행위자'이기도 하고, '참 나'이기도 하고, '주인공'이기도 한 'SELF I' 이며, 대아(大我)또한 그 자체는 공(空)하여 없는 것이다. 대아(大我)는 원래 역순종횡에 자재하여 본래는 머무르는 곳이 없건마는, 역순종회에 자재하지 못한 범부의 마음이 허망하게 분별해서 '색의 세계'의 자신의 확장을 바라는 것이니라. 그러나 진실한 세계를 보는 대아(大我)의 여여한 상은 본래 있고 없는 것이 아니니 있다거나 없다거나 하는 모습은 오직 심식(心識)이 만든 것을 보는 것일 뿐이라는 것을 알고 있느니라.

보살이여, 이러한 '마음이라는 놈'의 존재 법칙은 그 욕심, 분노, 취사선책, 집착의 그 세간법은 그 자체가 없다는 것도 아니며 본래의 자체가 있다는 것도 아니요, 있는 것도 아니며 없는 것도 아니니라. 단지 오직 심식(心識)이 있다고 여겨 있는 것뿐이니라. 보살이

여, 그리하여 각기 중생의 마음에 포착된 상(相)이 없다느니, 없지 않다느니 하는 모습은 언설로 도달되는 경지가 아니니라. 그 실상이 텅 비고 넓고 넓어서 모습이 없나니, 많이 듣고 배운 '성문(聲聞)'이나, 모든 것이 공(空)함을 아는 '연각(緣覺)'의 2승(乘)이 미칠 수 있는 경지가 아니기 때문이니라. 실상의 그 허공의 경계는 성문으로서는 알 수 없고 공(工)에 집착하는 연각들이 알 수 있는 경계가 아니며 안과 밖을 헤아릴 수 없는 것이어서 여섯 경지를 '이입'과 '행입'으로 알고, 실천하는 '6행 보살'이라야 이것을 알 수 있느니라.

회상 일단 사람들은 미화 100불 (한화 약 10만원)을 선물 받았을 때 기분이 아주 행복해한다! 라고 보자. 적어도 필자는 그렇다 그렇다면 보살 10지의 초지인

1. 환희지(歡喜地)는 (없던 0)이 2개 있어야 한다. 돈으로 환산하면 100불이다. 기쁘지 아니한가?

2. 이구지(離垢地)는 (없던 0)이 3개 있어야 한다. 돈으로 환산하면 1000불이다. 생의 고통과 삶과 상관없이 몇 몇 고통이 사라진 것을 의미한다.

3. 발광지(發光地)는 (없던 0)이 4개 있어야 한다. 돈으로 환산하면 10,000불이다. 핸드폰과 중고차라도 살 수 있는 얼굴에 광채가 날 것이다. 발광지란 부처님 몸에서 처럼 광명이 난다. 보는 것만으로도 기쁨이며 바라보면 항상 광명으로 가득하다.

4. 염혜지(焰慧地)는 (없던 0)이 5개 있어야 한다. 돈으로 환산하면 100,000불이다. 한화로 1억3천만 원이다. 어떤 문제에 접하더라도 지혜의 불꽃 앞에 모두 사라지게 마련이다. 아무리 어려운 문제에 봉착하더라도 지혜로 풀어 나간다.

5. 난승지(難勝地)는 (없던 0)이 6개 있어야 한다. 돈으로 환산하면 1,000,000불이다. 난승지란 어떤 어려운 길도 어떤 어렵고 힘든 것도 다 뛰어넘어 이제 어려울 것이 없는 세계다. 한화 13억의 돈이니 중생들이 그렇게 생각할 만하다.

6. 현전지(現前地)는 (없던 0)이 7개 있어야 한다. 돈으로 환산하면 10,000,000불이다. 130억 원이다. 현전이란 내 앞에 모두 나투어 난 모습이다. 자신이 꿈꾸던 것이 자신 앞에 드러날 만한 돈이 130억이다. 보고 싶은 것, 듣고 싶은 모두를 다 보고 듣고 할 수 있는 지위이다.

7. 원행지(遠行地)는 (없던 0)이 8개 있어야 한다. 돈으로 환산하면 100,000,000불이다. 1억불은 1300억 원이다. 원행이란 아무리 멀고 먼 우주 법계의 어느 세계도 모두 다 자유자재로 왕래할 수 있는 지위를 얻은 것이다. 오라는 곳이 많아서 오만 군데를 다 돌아다닐 수 밖에 없는 돈이다.

8. 부동지(不動地)는 (없던 0)이 9개 있어야 한다. 돈으로 환산하면 1000,000,000불이다. 10억불은 1조 3,000억 원이다. 어떤 일이 있어도 움직이지 않음이다. 그래서 부동지 보살위에 들면 바로 부처님 지위가 멀지 않다.

9. 선혜지(善慧地)는 (없던 0)이 10개 있어야 한다. 돈으로 환산하면 10,000,000,000불이다. 100억불은 13조 원이다. 선혜는 텅 빈 마음을 이룬 지혜다. 그리고 이보다 더 나은 지혜가 없다는 뜻이다.

10. 법운지(法雲地)는 (없던 0)이 11개 있어야 한다. 돈으로 환산하면 100,000,000,000불이다. 1000억불은 130조원이다. : 법운이란 진리의 구름이다.

보살 10의 최고지위는 돈으로 계산해도 (1과 0)에서 (0)이 10개 있으면 된다. 그러나 (0)이 10개라고 함은 (0^{10}) 이다.

51

입실제품(入實際品) 5-12

현재 나의 경제를 몇 배로 늘릴 수 있나? 어떻게 하는 것인가?

어떠한 것을 6행(行)이라 합니까? 원컨대 설명하여 주십시오.

부처님께서 말씀하셨다.

첫째는 10신행(信行)이요,

둘째는 10주행(住行)이요,

셋째는 10행행(行行)이요,

넷째는 10회향행(回向行)이요,

다섯째는 10지행(地行)이요,

여섯째는 등각행(等覺行)이니, 이와 같이 6행을 모두 실행하는 사람이라야 능히 모든 존재의 실상을 알 수 있게 되는 것이니라.

묻습니다 > 대력 보살이 여쭈었다. 실제(實際) '있는 나를 알게 된 상태의 이익'이라는 것은 '알게 된 내가 본래 있었다는 깨달음'이라는 것이 어디로 나가고 어디에서 들어옴도 없는데, 어떠한 법과 마음으로 '존재의 실상' 에 들어갈 수 있는 것입니까?

답한다 > 부처님께서 말씀하셨다. 실제(實際) 있는 나를 알게 된 상태의 이익을 취하는 법은, 법계의 법에는 끝[際]이 없으므로 경계의 벽을 넘어선 한계가 없는 마음이라야 실제의 존재상태에 들어가느니라.

묻습니다 > 대력 보살이 여쭈었다. 일망무제의 그 한계가 없는 마음의 지혜는 그 지혜가 끝이 없으며, 그렇게 막힘없고 끝없는 마음이라야 그 마음에 자재함을 얻나니, 경계에 자재로운 지혜라야 있는 나를 알게 된 상태의 이익을 얻는 실제(實際)에 들어가게 될 것입니다. 그러나 저 범부들처럼 마음이 유약한 중생들은 그 마음에 헐떡거림이 많으리니, 어떠한 법으로 그 헐떡거림을 제어해서 견고한 마음을 얻어서 실제의 있는 나를 알게 된 상태의 이익을 얻을 수 있는 실제의 존재상태에 들어갈 수 있게 하겠습니까?

답한다 > 보살이여, 저 마음이 헐떡거리는 사람들은 안과 밖의 번뇌로 안팎으로 꼬리를 물고 물어 흘러 물방울이 모여 마치 보아도 끝이 없는 일망무제의 바다를 이룬 뒤 그 때 커다란 바람이 바다를 두들겨 파도를 만들면 큰 용이 놀라 날뛰나니, 그 놀라 날뛰는 마음 때문에 헐떡거림이 많게 되느니라. 보살이여, 저 중생들로 하여금 셋은 보존하고 하나만을 딱 지키게 해서 여래선(如來禪)에 들어가게 하나니, 그 여래선의 선정으로 인해 마음은 헐떡거림이 없어지게 되느니라.

희상 이제 우리도 대력 보살이 되기 위한 준비를 하자. 먼저 알아야 할 것이 있다.

지금의 마음이 춥고 힘들고 배고픈 나는 (0^0) 이다. 즉 색의 나만 알고 공의 나는 전혀 모르는 (0)을 모르는 무명 중생이다.

그런데 불법의 『금강삼매경』을 만나 발심을 했다? 서원이 생겼다? 보살행을 하겠다? 그러면 당신은 (0^1) 이다. (공의 0)을 알았기 때문이다. 그러나 (0^1) 세계에 사는 당신은 (0^2)의 세계를 볼 수가 없다. 알 수도 없다. 물론 (0^2) 세계에 올라서도 (0^3)의 세계를 알 수도 없고 볼 수 도 없다. 당연히 (0^3)의 세계 중생들은 $(0^4\ 0^5\ 0^6\ 0^7\ 0^8\ 0^9\ 0^{10})$의 세계를 알 수도 없고 볼 수도 없는 것은 마찬가지다.

그래서 10억 부자는 100억 부자의 고민과 잠 못 이루는 밤을 모른다. 100억 부자는 1000억 부자를 모르고 알 수도 없는 것이다. 등각행(等覺行)은 부처가 하는 경지이다 (0^{11})의 세계다.

우리가 돈의 정체를 알아서 우리 삶에 적용하려면 우리는 (0^1) 에서 $(0^2\ 0^3\ 0^4\ 0^5\ 0^6\ 0^7\ 0^8\ 0^9\ 0^{10})$ 로 가는 법을 알아야 한다. 이것을 가르쳐 주는 것이 대력 보살의 질문이다.

52

입실제품(入實際品) 5-13

1차 관자재, 2차 관자재 ,3차 관자재

묻습니다 > 대력 보살이 여쭈었다. 어떤 셋은 보존하고 하나만을 지키게 해서 여래선에 들어가게 한다고 하시는 것입니까?

답한다 > 부처님께서 말씀하셨다. 셋을 보존한다는 것은 '세 가지 해탈'을 보존하는 것이요, 하나만을 지키게 한다는 것은 '일심(一心)의 여여함'을 지키는 것이니라. 여래선(如來禪)에 들어간다는 것은 '마음의 여여함'으로 모든 경계를 이치 그대로 공(空)으로 환(幻)으로 연기(緣起)로, 무(無)로 '관'하는 것이며 이와 같은 마음의 경지에 들어가면 바로 실제(實際)로 들어가게 되는 것이니라.

묻습니다 > 대력 보살이 여쭈었다.

세 가지 해탈법이란 어떠한 일을 말씀하신 것이며 이치 그대로 '관'하는 삼매(三昧)는 어떠한 법을 따라서 들어가라는 것입니까?

답한다 > 부처님께서 말씀하셨다. 세 가지 해탈이란 바로 허공해탈 (虛空解脫), 금강해탈(金剛解脫), 반야해탈(般若解脫)을 말함이니라. '허공해탈'은 마치 허공 같은 마음으로 모든 현상과 존재를 관(觀)하는 것이며, '금강해탈'은 그 마음을 견고하고 강인하게 지켜 밖으로 쫓아 나가지 않음을 말하며, '반야해탈'은 그러한 역순종횡의 경계가 인연으로 나타난 공의 현상임을 알고 대상에 묶이지 않음을 일컫는 것이니라.

이렇게 이치 그대로 '관(觀)' 한다는 것은 마음이 그대로 청정하여 옳다. 그르다 하는 가부(可不)의 마음이 없게 되는 것이니라.

회상 > 일단 답부터 밝히고 가자. 우리는 3차원에 산다. 그러나 3차원을 최대한 활용하려면 세계가 아닌 법계의 깨달음을 얻어야 자신이 과제를 마칠 수 있는 것이다. 그 과제를 마치면 다른 이들에게 혹은 신들에게도 삼배(三拜)를 받아도 된다.

삼배 중 1배는 허공해탈을 하였기에 받는 것이다. 눈앞에 나타난 모든 존재와 인연과 사건 사고와 즐거운 경사와 명예로운 일이 다 인연이 도래하고 조건이 갖추어진 연기적 공의 현상임을 알고 모든 것을 공으로 볼 줄 알아야 한다. 최소한 미운 사람을 만나도 그 사람을 (불성이라는 0과 미운 사람이라는 1) 로 알고 대할 공부는 되어 있어야 한다. 그것이 1차 관자재(觀自在)인 허공해탈이다 삼배 중 두 번째 2배는 금강해탈이다. 어떤 일이 자신에게 닥쳐도 그 일이 (불성이라는 0과 그 일이라는 경계 1)임을 당신은 이미 알 수 있다. 그러나 (0)의 자리를 지키고 (1)의 경계를 따라가지 않아야 한다. 그것이 2차 관자재(觀自在)인 금강해탈이다.

마지막 삼배는 반야해탈이다. (불성이라는 0과 그 사람 혹은 그 일이라는 경계 1)에서 그 사람 혹은 그 일이 생긴 (1)에서 여래의 종자가 끊이지 않게, 그 일 그 사람의 (1)에서 (0)이 싹트게 해주려고 노력하기 시작해야 한다. 그것이 3차 관자재(觀自在)인 반야해탈이다.

53

입실제품(入實際品) 5-14

영구미제(永久未濟)의 괘가 끝나는 날

묻습니다 > 대력 보살이 여쭈었다. 어떠한 것을 보존하는 작용이라 하시는 것이며, 어떻게 '관(觀)'하는 것입니까?

답한다 > 부처님께서 말씀하셨다. 마음과 현상이 둘이 아닌 채로 그냥 그렇게 지켜보는 것을 말한다.

1. 사마타라는 허공과 같이 모든 것을 해탈하여 판단 없이 다 받아 들임.

2. 삼마발제인 금강과 같은 굳은 마음으로 그 낙처를 알아 경계를 해탈하여 그 작용이 바뀔 때까지 지켜 봄.

3. 선나인 반야로 모든 것이 공(空)임을 알아, 모든 업의 그림자에 서 해탈로 그 업을 소멸시키는 것을 말하느니라.

그렇게 일심의 마음을 지키기 위해, 자기 마음을 보존하는 작용(作用)이 일어나게 되는 것이니라. 또한 관(觀)을 한다는 것은 이렇게 안에서 행이 일어나고, 밖에서 행이 일어남에도, 그 행을 따라 나가고 들어옴에도 오직 하나의 일심을 지켜 둘이 아니며, 하나의 상(相)에 머무르지 않고, 마음에 얻고 잃음이 없어서 하나이면서도 하나 아닌 경지로 마음이 청정하게 하여 그 사물이나 경계에 흘러들어 가는 것을 '관(觀)'한다고 부르는 것이니라.

보살이여, 이러한 사람은 두 가지 모습에 머무르지 않느니라. 비록 출가를 하지는 않았으나 그렇다고 집에 있다는 것도 아니니라. 비록 출가자처럼 법복(法服)이 없고 바라제목차(波羅提木叉)의 계를 갖추지 않고 자신의 과오를 매일 참회하는 포살(布薩)에 들어가지 않는다 하더라도, 있는 자리에서 자신의 마음으로 인위적인 조작이 없이 저절로 편안하기 때문에 성인의 도과(道果)를 얻어서 2승(乘)에 머무르지 아니하고 보살도에 들어간 뒤에 마땅히 수행의 경지를 하나하나 다 채워서 부처님의 깨달음을 이루게 되느니라.

회상 오랫동안 사람이 태어날 때 받아 가지고 나온다는 100억을 찾아 다녔다. 48살까지는 찾으려고 했다. 다시 54세가 돼서야, 그 100억이 통장으로 들어오는 숫자 100억이 아니라, 무엇인가를 위한 활동자금, 군자금(軍資金)이라는 것을 눈치 채기 시작하고 다시 또 노력했다. 그리고 환갑이 될 무렵까지도 활동자금 100억이 들어오지 않았다. 그러나 그 일을 위한 소모성 경비가 들어오고 있다는 것을 감지할 수는 있었다. 그래도 여전히 앞이 보이지 않았다. 그렇게 주역 64괘의 마지막 괘인 영구미제(永久未濟)의 미제(未濟)괘가 끝나는 날. 무엇인가 번쩍 머리에 불이 켜지는 느낌이 들었다.

그러다가 『화엄경』「초발심 공덕품」과 「십주품」을 공부할 기회가 있었다. 초발심시변정각은 (0)과 무한대 (∞)가 수학적으로도 법계의 식으로도 같은 것이었기에 이해가 충분히 되었다. 또한 (0과 1)사이에 존재하는 모든 수와 (1)과 무한대(∞)사이에 존재하는 모든 수의 개수가 같은 것을 알고 있었으니 또한 간단히 받아들일 수 있었다. 그러나 보살 10지는 처음에는 무척 어려워 보였다. 모든 중생들은 색의 자신과 색의 세계만을 안다. (0^0)이다. 즉 색의 자신과 색의 세계만 알고 공의 나는 전혀 모르는 (0)을 모르는 무명 중생들이다. 보살들의 경지는 자기 앞에 반연된 1차 인연부터 (0^1)에서 $(0^2 \, 0^3 \, 0^4 \, 0^5 \, 0^6 \, 0^7 \, 0^8 \, 0^9 \, 0^{10})$로 가는 법을 가르쳐 주는 것이 보살의 일이다. 65세 살아오면서 나는 모든 존재들을 (0^0)으로 대했다. 얼마나 많은 기회를 까먹은 것인가? 그게 혹 사람 뿐일까? 숲과 나무와 미꾸라지 메뚜기 나의 어망과 투망 속에서 죽어간 생명들은 (0)을 보지 못하는 나에게 얼마나 큰 복 그릇이었을까? 그리고 그 동안 만난 수많은 사람들 유튜브 구독자들. 나는 바보다 만나오며 살아오며 스쳐간 모든 인연들께 진심으로 참회할 뿐이다. 이 이치를 알면 100억은 돈도 아니다.

54

입실제품(入實際品) 5-15

성문 연각은 단 하나를 안 했기에
비열한 무리라는 대접을 받았다

묻습니다 > 대력 보살이 여쭈었다. 불가사의합니다. 이렇게 일심에 머물며, 허공해탈, 금강해탈, 반야해탈 함을 잘 지키는 사람은 출가(出家)하지는 않았지만 출가하지 않은 것도 아닙니다. 왜냐하면 '욕망의 불이 꺼진 육체의 몸 안'에 들어가서 여래의 옷을 입고 깨달음의 자리에 앉은 것이기 때문입니다. 이러한 사람은 사문(沙門)이라 할지라도 그 출가하지 않은 수행자에게 마땅히 존경하고 공양해야 하겠습니다.

답한다 > 부처님께서 말씀하셨다. 그러하니라. 왜냐하면 욕망의 불이 꺼진 육체의 몸 안에 들어가 있어도 그의 마음은 삼계를 뛰어넘었으며, 여래의 옷을 입고 제법 공처의 자리에 들어가서 깨달음의 자리에 앉아서 정각(正覺)의 경지에 올라간 사람이니라. 이와 같은 사람은 마음으로 '색신'과 '법신' 두 가지 나를 뛰어넘었거늘, 어찌 하물며 출가한 사문이라 하여 그를 존경하고 공양하지 않겠는가?

묻습니다 > 대력 보살이 여쭈었다. 저와 같이 모든 것이 하나인 경지와 공(空)의 바다 같은 것을 2승(乘)의 사람들은 체험할 수가 없는 경지입니까?

답한다 > 부처님께서 말씀하셨다. 그러하니라. 2승(乘)의 사람들은 비록 삼매에 탐닉하여 오직 삼매의 몸을 얻지만 저 '공(空)의 바다와 같은 여일한 경지'에서는 마치 술에 취한 사람 같아서 침침하며 취하여 깨어나지 못하거나, 수많은 겁을 보내고도 여전히 깨어나지 못하다가 술기운이 사라지고 나서야 비로소 깨어난 후 결국 이러한 1심과 3해탈의 행함을 모두 닦은 뒤에야 불신(부처님의 몸)을 얻게 되는 것이니라.

그러나 지금 1심과 3해탈을 모두 수행한 사람은 성불할 성품이 안 된다는, 현재의 틀을 버리고 곧바로 여섯 가지의 행함에 들어가서 수행하는 곳에서 일념으로 마음을 깨끗이 한 뒤 결정하고 명백한 본각의 자리에서 금강 같은 지혜의 힘으로 '아비발치'의 경지에서 중생을 제도하되 자비심에 다함이 없느니라.

회상 필자는 한자를 적어 넣고 중국어라고 적은 요사이 습관을 보면 참으로 기가 찰뿐이다. 한자어가 왜 중국어인가? 고구려 한자, 신라 한자, 백제 한자, 일본 한자 다 달랐다. 우리 조상들의 글이다. 마치 인삼(人蔘)을 일본이 가져가 진생이 된 것처럼 우리 배달

조선 단군조선어가 중국어가 되어 버렸다. 생각이 오그라지고 꿈이 찌그러진 이씨 왕조의 무식한 후손들 때문에.

왜 이 말을 하는가? 성문 연각의 아라한들은 다 대단하신 분들이시다 그래서 응공(應供)이다. 단연히 공양을 받으시는 분들이라는 의미다. 그런데 왜 이 분들을 비열하다고 하는가. 여기서 비열(卑劣)은 (0)을 몰라 생각이 낮고 열등하다! 라는 의미가 아니다. 수다원, 사다함, 아나함, 아라한 이 분들은 삼매 중에서 〈적멸삼매〉를 완성하신 분들이시다. 그래서 공양을 받으시지만 상대방의 (0)에게 공양을 올리시지 않기 때문에 〈공덕삼매〉를 못 깨우치신 분들이기에 비열하다고 하는 것이다. 꿈이 작다고. 서원이 작다고. 공덕삼매를 이루셔야 화엄삼매를 성취하시어 공덕으로 장엄한 불세계가 이루어지기 때문이다. 이성계 할배의 후손들의 이씨 조선과 북한의 김씨 조선은 성문 연각의 비열한 무리들이 이룬 왕국이다. 우리가 할 일은 무엇인가? 그들을 미워하지 않는 일이다. 그들도 (0) 이 있기에.

물론 그들은 상대방을 (0과 1) 로 보지 않는다. 그들은 (이씨왕조 충성과 1) (김씨 왕조 충성과 2) 그렇게 본다. 그렇다고 그들이 (0) 이 없는 것은 아니다. 부루나 존자 같은 신심이 아니라면 그들을 깨우치는 것을 일부러 나서서 할 필요는 없다. 자기 인연이면 반드시 자기에게 오기 때문이다.

55

입실제품(入實際品) 5-16

그럼 우리는 어떻게 살아가고 있나? 우리의 계는?

묻습니다 > 대력 보살이 여쭈었다. 이러한 보살 종자의 성품을 가진 사람은 꼭 계율(戒律)을 지키지 않을지라도 저 사문들에게도 당연히 공경하거나 우러러보지 않을 것입니다.

답한다 > 부처님께서 말씀하셨다. 계율을 설명하는 사람의 입장에서는 그런 보살의 마음이 착하지 않고 교만해보여 마음 바다의 파도와 물결 때문에 그렇게 보일 수 있느니라. 그러나 그의 마음 땅은 8식(識)의 바다가 잔잔하고, 9식(識)의 흐름이 청정해서 경계의 바람이 그것을 움직이게 할 수 없고, 감정의 파도와 물결이 일어나지 않느니라. 또한 '계율'의 근본 바탕 또한 허공과 같은 공(空)이어서 그것에 실체를 부여하여 지키는 자는 도리어 미혹하여 법망에 걸리게 되느니라.

저 보살 종자의 성품을 가진 사람은 6식(識)과 (7)식이 일어나지 않고 모든 갈망과 애욕이 사라져 고요하며, 자신의 법신, 화신, 응신의 3부처를 여의지 않고 보리심을 발하느니라. 세 가지 무상(無相) 가운데서도 마음을 따라 깊이 들어가서 삼보(三寶)를 깊이 공경하고 위의(威儀)를 잃지 않으니 다른 사문들에 대해서도 공경하지 않음이 없을 것이니라.

보살이여, 저 어진 사람은 세간의 움직이거나 움직이지 않는 법에 머무르지 않으며, '삼공취'에 들어가 '삼유심'의 마음을 없애느니라.

회상 우리는 어떻게 살았나? 자신 앞에 나타난 인연들을 어떻게 대하며 살아왔을까? 대부분의 사람들은 상대방의 (0)을 볼 줄 모른다. 자신은 (혈연관계와 1) 상대방은 (지연 관계와 2) 돈 벌이는 (학연 지연 혈연관계와 3) 혹은 (우리 편과 4) 혹은 (한국인과 5) 그렇게 대하며 산다.

그러나 중생 제도를 하는 보살들은 (0과 나) 상대방은 (0과 무명 중생) 혹은 (0과 나의 과거모습)으로 본다. 색의 모습이야 교만하건, 계를 지키건 안 지키건, 무슨 일을 하건, 그의 마음은 (0)에 딱 고정되어 온 법계를 대한다. 그것이 보살 10주다

초발심주(初發心住)로 제2주인 치지주(治地住) 제3주인 수행주(修行

住)를 거쳐 제4주인 생귀주(生貴住)에서는 사물에 대해 철저하고 올바른 입장을 취한다. 그리고 제5주인 방편주(方便住)에서는 상대방의 (0)을 볼 줄 알고 대할 줄 아는 지혜의 힘으로 살아 있는 모든 것의 마음을 깨끗하게 한다. 그리고 난 후, 제6주인 정심주(正心住)에서는 동요하지 않는 마음을 체득하여 공을 확고히 깨닫는다. 제 7주인 불퇴주(不退住)에서는 흔들림이 완전히 없어져 일(一)과 다(多)의 상즉과 유와 무의 일체에 대해서 인연대하는 방법을 몸에 익힌다.

제8주인 동진주(童眞住)를 거쳐, 제9주인 법왕자주(法王子住)에 가면 세계와 법계 즉 세간과 출세간의 모든 존재들의 삶을 다 이해하여 완전히 자재한 지혜를 획득한다. 마지막 제10주인 관정주(灌頂住)에서는 진실의 지혜에 안주하며 살아 있는 모든 것이 부처의 지혜를 갖출 수 있도록 노력한다.

56

입실제품(入實際品) 5-17

반려견이 뭔지도 모르면 개 기르다가 조상에게 벌 받는다

대력 보살이 부처님께 아뢰었다.

그러한 어진 사람은 과족만덕(果足滿德) 부처님과 여래장(如來藏) 부처님과 형상(形像) 부처님 등 이러한 부처님의 처소에서 보리심을 발하여

1) 섭률의계(攝律義戒) 2) 섭선법계(攝禪法戒) 3) 섭중생계(攝衆生戒) 그 세 가지의 청정한 계율에 들어가기는 하지만 그 계율의 상(相)에 머무르지는 않고, 색(色)을 없애 버리기는 할지라도 공(空)에 탐착하는, 공적한 경지에 거주(居住)하지 않으며, 제도할 만한 중생을 버리지 않으려고 사바세계의 중생계의 땅에 들어갔으니 참으로 그 뜻과 생각과 행동이 일반 중생들로서는 알기가 불가사의합니다.

회상 한국인들은 개를 먹는 민족으로 소문이 났지만, 모든 개를 먹지는 않았다. 개를 일종의 가축으로 볼 때는 개 구(狗)자를 붙여 부르며 나중에 소나 닭처럼 기른 후 먹었다. 황구(黃狗) 백구(白狗)등이

다. 그러나 개 견(犬)자가 붙여지면 먹지 않았다. 충견(忠犬), 의견(義犬) 군견(軍犬) 반려견(伴侶犬). 그렇게 개에게도 불성이 있는 줄을 알았던 우리 조상들은 견을 먹지도 않았고, 오히려 받들었다.

불교적으로는 어떻게 될까? 조주 스님 화두처럼 개도 (0과 개) 다 형상은 개이지만 (0)이라는 여래장이 있다고 보았다. 그러면 탐지(探知)견(犬) 반려견(伴侶犬), 충견(忠犬), 의견(義犬) 군견(軍犬)등은 무엇인가? 자기 할 일을 다 하는 개다 . 그래서 결과에 만족해서 과족만덕한 부처님 개에게 붙이는 호칭이다. 한국은 귀신이 전 세계에서 제일 많다. 윤회의 마지막 인간들이 태어나는 지구의 뿌리이기 때문이라고 한다. 그래서 요즘 아이들이 아기들을 낳지 않기 때문에 몸 받을 길이 없어진 조상들이 자기 후손들이 기르는 강아지나 고양이에게 가서 달라 붙은 경우가 많다고 한다. 그런데 요즘 개는 반려견(伴侶犬)이다. 개 견(犬)자가 붙여지면 대우가 달라야 한다. 그런데 먹지는 않더라도 버려? 거기 붙어있던 조상이 동티를 내는 경우가 많다! 조심할 일이다. 버리지 말고 누군가에게 잘 주어 자신의 수명대로 살아야 한다. 아니면 가축으로 처음부터 개 구(拘)자를 붙여 대하라! 다른 이들이 먹기라도 하게.

입실제품(入實際品) 5-18

지난 인연 참회하고
앞의 인연 부처임을 바로보고 바로 알자

그 때에 사리불(舍利弗)이 자리에서 일어나 부처님 앞에서 게송으로
말하였다

반야바다 갖추셔도 열반에만 안주않는
부처님의 마음행동 불속에서 피어나는
생중화련 묘한연꽃 피어남과 같습니다.
모든부처 무량한겁 온갖번뇌 안버리고
세상구제 그연후에 성도이룸 하신것은
아름다운 연꽃들이 불속속에 핌과같네
십주품의 보살할일 세가지의 공을알아
인연되는 모든중생 보리향한 길입니다.

저도이제 머물곳에 머무르지 않는 것은
부처께서 말씀하신 머무름을 떠나오니

와야할곳 다시와서 보살도를 갖춘 뒤에
그때다시 나오리다 또한 모든 중생들이
나와하나 둘아님을 앞에오는 사람이나
뒤에오는 사람모두 바른깨침 오르도록
지난인연 참회하고 새인연을 바로대해
이몸받은 일대사를 이제할일 삼나이다.

그 때에 부처님께서 사리불에게 말씀하셨다. 불가사의하니라. 너는 마땅히 장차 깨달음의 길을 성취하여 한량없는 중생들이 생사(生死)의 바다를 벗어나게 하리라. 그 때 대중들은 모두 '보리'를 깨달았고, 거기 모인 모든 소승의 대중들은 모든 것이 공임을 확연히 아는 오공(五空)의 바다에 들어갔다.

Part 4

생활에의
실제적 적용

밑어서 생긴 이익도
안 믿어서 생긴 손해도 당신 것

✽ 진성공품

진성공품(眞性空品) 6-1

지여래의 수학 기호(0^0)
하느님의 수학 기호(i^0)

묻습니다 > 그 때 사리불이 부처님께 아뢰었다. 세존이시여, 보살도를 닦는 데는 자신과 자신의 행위를 내세울 이름과 어떤 보살도를 행하는지에 대한 정해진 모습도 없습니다. 단지 보살의 마음을 낸 사람들이 지켜야 할 세 가지 청정한 계율이 있을 뿐입니다.

첫째 : 본래의 근본자성이 무너지지 않게 할 것

둘째 : 법계의 살림살이에 맞게 살 것

셋째 : 법계의 살림살이를 모르는 존재들을 바르게 이끌 것이 세 가지 계율에는 어떤 규범도 형식도 없는데, 어떻게 이런 것을 받아들여서 중생들을 가르칠 설명이 되겠습니까? 원하옵건대 부처님께서는 자비를 베푸시어 저희를 위해 말씀하여 주십시오.

회상 > 모든 존재, 근본, 자체, 성품과 법계의 살림살이를 알려면, 그리고 이러한 이치에 미혹한 중생들을 제도하려면 우리는 우리 자신부터 알아야 한다. 공(空)이면 공이지 진성 공이란 무엇일까? 수학 기호로 표시하면 (0^0)은 표현 할 수는 있지만 정의 할 수 없다. 노자 도덕경의 첫 구절은 "도(道)가(可)도(道) 비(非)상(常)도(道)"이다. 〈도를 도라고 부를 수는 있지만, 항상 도라고 부를 수는 없다〉이다. 불교의 공(空)이 그러하다.

노자는 이어서 말한다. "명(名)가(可)명(名) 비(非)상(常)명(名)" 공을 공이라고 부를 수 있지만 항상 공이 공은 아니다.

즉 어떤 말로도 정의 할 수 없다! 이다 그 수학기호가 바로 (0^0)다. 미리 말하자면 여래의 수학 기호가 (0^0)인 반면 한국 조상들이 찾던 하느님은 (i^0)으로 표현 할 수 있다.

'애 늙은이'와 '늙은 애'

답한다 > 부처님께서 말씀하셨다. 선남자여, 그대는 이제 자세히 들어라. 그대를 위해 설명하여 주리라. 선남자여, 생각은 자신이 자유의지로 하는 것이 아니라, 이미 결정된 법계의 살림살이에 맞게 각기 그들 자신에게 주어진 프로그램대로 살아야 하는데, 사실은 그 모든 것이 공(空)이며 환(幻)이며 적(寂)이며 멸(滅)한 존재들임을 알아야 하느니라.

경계에 따라 나타나는 역경계, 순경계의 좋거나 좋지 않은 법은 마음을 따라서, 변화하여 일체의 경계를 의식과 언어로 분별한 것이니, 이를 한 곳에서 제어(制御)하면 온갖 '연'이 끊어져 없어지게 되느니라.

왜냐하면 선남자여, '하나의 근본적인 그 무엇'이 붕괴되지 않는다면 세 가지의 계율을 지키지 못했을 때, 그에 대한 세 가지의 작용도 일어나지 않느니라. 그 일심(一心)의 하나를 지킬 때 '여여의 이치'에 머무르게 되며 육도의 윤회의 삶에 끌려 다니는 문이 닫히게 되므로 마음에 걸림 없이 어떤 일을 행함에도, 저절로 보살행에 필요한 네 가지 '연(緣)'이 항상 그대로라는, 여여(如如)로 순응하게 되어 자신들 앞에 반연되므로 '세 개의 계율'이 저절로 갖추어져 마음껏 보살의 마음을 실현할 수 있는 것이니라.

회상 예전에는 '애 늙은이'라는 말이 많았는데, 아이가 어른 같은 말과 행동을 할 때 쓰던 말이다. 그런데 요사이는 '늙은 애'들이 많다. 나이가 들었는데도 지견이 하나도 열리지 않은 것이고 여전히 자기중심이고 철없는 아이들 같기 때문이다.

진정 애는 어리석지않고 때가 묻지 않았는데, 늙은 애들은 욕심도 많고 고민도 많고 한도 많고 원망도 많고, 앙심에 복수심까지 오만 가지 감정을 달고 다니는 이들이 많다. 이러한 시커먼 중생, 그리고 우리 자신을 바꾸려고 많은 시도를 하였지만 업의 파도, 감정의 파도, 욕심의 파도 때문에 계속해서 밀려오는 악연을 차단하기가 힘들다
그런데 부처님이 그 업의 파도를 한 곳에서 막아 제어하면, 계율 세 가지가 저절로 갖추어지고, 원하는 바대로 일을 풀어갈 바람직한 인연 네 가지가 갖추어진다고 하니 복음(福音) 중에 이런 복음이 어디 있겠는가?

60

진성공품(眞性空品) 6-3

바라는 대로 이루어지는데
필요한 인연 네 가지

묻습니다 > 사리불이 여쭈었다. 어떻게 네 가지 '연'이 여여(如如)해 지면서도 법계의 살림살이에 저촉되지 않는 '계율 세 가지'가 저절로 갖추어진다는 말입니까?

답한다 > 부처님께서 말씀하셨다. 네 가지 '연(緣)'이란,

첫째는 일을 하되, 결과가 이익으로 좋게 나오는 일과, 결과가 손해로 안 좋게 나오는 일을 스스로 선택할 수 있는 인연 선택의 힘이니라. 이는 계율을 벗어나지 않으면서 거침없는 행을 할 수 있는 '모든 계율을 포섭하는 계'라고 하느니라.

둘째는 일을 성취하되 시작도 좋고 결과도 좋고 그 과정도 좋은 과정으로 선(善)한 법으로 일이 성사되게 하는 것으로 '선한 법으로 행해지는 계율'이라고 하느니라.

셋째는 자신이 해야 할 일과 하지 말아야 할 일을 계산하지 않고도, 자신이 담당할 일은 자신에게 오고 자신이 담당이 아닌 일은 자신에게 오지 않는 것으로 '일체 중생을 위한 계율'이라고 하느니라.

넷째는 (0)부터 (1)의 마음에서 일어나는 모든 일과 (1)부터 무한대의 세상에서 일어나는 모든 일, 을 모든 것을 다 알고, 모든 것을 보게 되므로 여여함에 따라 머무는 힘으로, 일각으로 모든 것을 아는 '일각통지력의 계율'이 저절로 갖추어 짐을 말함이니라.

이것을 네 가지 '연(緣)'이라 말하느니라.

선남자여, 이러한 네 가지 큰 '연'을 반연하는 힘은 현상의 모습으로 나타나 드러나 머물지 않지만 그 인연으로 생기는 공덕의 쓰임새인 공용(功用)이 없는 것이 아니며, 그 네 가지 '연'의 원인이 지어지는 곳도 한 곳(一處:本覺地)을 떠나서는 구하거나 찾을 수가 없느니라.

선남자여, 이와 같이 하나의 일심(一心)을 지키는 일이 전체적으로 6(六)행을 통섭하는 것이니, 이것이 부처님의 깨달음인 '일체지혜의 바다'이니라.

회상 부처님께 수십 년간 직접 가르침을 받고 최고의 제자가 된 아난존자, 수보리 존자 사리자 존자 그리고 설법제일 부르나 존자 등이 『금강경』 『능엄경』 『법화경』에서 계속 엉뚱한 질문을 하다가 연로하신 부처님을 계속 고생시켜드리는 것은 미혹에서 벗어나지 못했기 때문이었다.

어떤 미혹인가?

1. 자신이 할 일인지 뒤로 물러설 일인지를 판단하기 어려웠다.
2. 눈앞의 경계가 어떻게 나타난 일이며 사람인지 몰랐다.
3. 어떤 인연으로 왜 자기 앞에 오는지를 몰랐다.
4. 그 인연에게 무엇을 행해주어야 하는지를 몰랐다.

필자 또한 그렇고 많은 사람들이 그렇게 산다. 회사 앞 커피숍에 가면, 내 또래 혹은 약간의 선후배 같은 늙수구레한 애들이 5000원짜리 커피를 앞에 놓고 50억 500억 하며 자기 일인지 남의 일인지 업의 그물인지 조상님의 기치인지도 모른 채 불나방처럼 불에 뛰어든 이야기를 무협지보다 더 재미있게 한다. 손자 용돈 5만원도 못 줄 형편처럼 보이지 안 튼데. 나의 자화상 같아 쓸쓸하게 웃을 뿐이었다.

부처님께서 말씀하신 한 곳을 찾으니 모든 것이 보인다. 나도 그들도…

61

진성공품(眞性空品) 6-4

(0)과 (1)사이에 존재하는 모든 수의 개수와 (1)과 무한대 사이에 존재하는 모든 수의 개수는 같다

묻습니다 > 사리불이 여쭈었다. 현상계의 모습으로는 나타나지 않지만 어느 것을 함에 쓸모가 없는 것은 아니다. 라고 하심은 그 법이 '진정한 공'이며, 항상 되고, 즐겁고, 내가 있으나 나를 세우지 않는 참되고 맑은 창공과 같은 섯이어서. 있는 나, 없는 나, 그 두 가지 나를 뛰어넘은 그 마음은 어디에도 속박되어 있는 것이 아니니 이것은 막대한 힘이 있는 그대로 꿰뚫어 보는 힘(觀力)입니다.

이러한 '관력'으로 얻은 깨달음을 얻어가다 보면 마땅히 저절로 깨달음을 이루는 징검다리인 37가지의 도를 이루는 보조 수행법이 갖추어질 것 같습니다.

답한다 > 부처님께서 말씀하셨다. 그러하니라. 37가지의 도를 이루는 보조 수행법을 갖추게 되느니라. 왜냐하면 수행을 함에 있어서 4념처, 4정근, 4여의족, 7각지(覺支), 8정도(正道) 등의 수행과

정의 단계가 명칭이 다양하고, 방법도 다르지만 그 최종 목적은 하나의 의미를 갖고 있으니 하나도 아니고, 다른 것도 아니니라.

이름과 수(數) 즉 각 이름가진 존재마다 성취되는 것이 따로 존재하기는 하지만, 단지 이름과 글자일 뿐, 지금 내가 말하는 '법(法)'은 얻을 수 없는 것이니, 그 얻을 수 없는 법은 하나의 뜻이지, 글로 표현되는 것이 아니니라.

문자(文字)가 없는 모습과 의미야말로 진실한 '공성(空性)'이요. 내가 항상 이야기하는 그 '공성(空性)'이라 함은 항상 하늘처럼 있는 그대로 여여하며, 그 여여함의 이치는 마치 모든 것을 품고 있는 하늘처럼 일체의 법을 갖추고 있느니라. 선남자여, 그렇게 여여의 이치에 머무르는 사람은 삼계의 괴로움의 바다를 건너게 되느니라.

회상 누차 이야기 하지만 초등학교 수학과정에 나오는 것으로 (0과 1)사이에 존재하는 모든 수의 개수와 (1과 무한대) 사이에 존재하는 모든 수의 개수는 같다. (0과 1)사이에 모든 수의 개수를 알 수 있는 상태를 '보현 삼매'라고 한다. 그리고 (1과 무한대) 사이의 모든 수를 아는 것은 '보현 행원'이다. 우리가 공부한 '이입'과 '행입'이다. 지금 부처님은 (0과 1)사이를 가르치시는데 그것을 알게 되면 (1과 무한대) 사이를 다 알고 보고 행할 수 있게 되기 때문이다. 저절로 나타난다. (0과 1)사이를 '유심(唯心)소현(所顯)'이라고 한다.

일체만상 천지만법이 오직 마음에서 나타난 바라는 의미이다. 반면 (1과 무한대)를 '광대 원력 소현'이라고 한다. 불보살님들의 원력으로 드러난 세계라는 의미이다. 이것이 믿어지도록 공부하는데 필자는 20년이 걸렸다. 즉각 믿는 복이 없었나보다. 사서 고생했다. (0과 1)사이도 공(空)이고 (1과 무한대) 사이도 공(空)임을 본인이 본인에게 가르치는 일을 해야 한다. 그 집중 공부 기간이 안거기간이다.

62

진성공품(眞性空品) 6-5

($i^0 = 1$) 이다. 그런데 ($0^0 = ?$)

묻습니다 > 사리불이 여쭈었다. 일체의 법이란, 마치 사과 맛을 말이나 글로 설명을 아무리 한들, 그 맛을 어떤 언어와 문자로 설명을 한 들, 언어와 문자의 모습이 바로 사과 맛의 의미했던 바와 같이 되지는 않습니다. '여실하다'라는 법계의 작용에 관한 의미도 언어로는 그렇게 논하거나 할 수 없는데 이제 여래께서는 어떻게 법을 설하시겠습니까?

답한다 > 부처님께서 말씀하셨다. 내가 법을 설하는 것은 너희 중생들이 말로 이해해야 하는 상태나 환경에 있으므로 말할 수 없는 것을 말로 설하자니, 그런 연고로 법을 그렇게 여여하다 라고 설하는 것이니라. 내가 설한 것은 여여(如如)의 낙처이지, 여여의 글자가 아니건만 중생이 설명하는 것은 글자는 나와 있으되 그 뜻을 제대로 전할 수는 없느니라.

그러하기에 뜻을 나타내지 못하는 말은 모두 공허하여 실답지 않은 것이니, 공허하여 실답지 않은 말 '공무지언(空無之言)'은 그 뜻을 표현하지도 못하며 뜻에 대해 표현하지 못하다 보니 모두가 허망한 빈말이 되고 마는 것이니라.

여(如) 라는 말은 실체로는 진공(眞空)이나, 빈 말은 아니며 그 공은 실(實)이지 공(空)이 아니니라. 실함과 실하지 못함, 그 두 가지 모습을 떠나 중간이라 할지라도 중용이 되는 것은 아니며 그 중용의 법은 그 세 가지 상(三相)도 떠나있기에 어디에 있는 것인지 그 처소를 찾을 수 없으니 여(如)를, 여 하다고, 그렇게 '여'하게 말하는 것이니라.

진여(眞如)는 '없음'도 아니고 '있음'도 아니나 '있음'이 아니기에 '없음'이 되며 진여는 '없다는 무가 아니나 '없을 무(無)'가 아니기에 '있을 유(有)'가 되느니라. 그리하여 진공묘유(眞空妙有)라고 하는 것이니라. 이렇게 '유' '무'로 존재하는 것이 아니고 말은 되지만, 말할 수 없는 것을 말하는 까닭으로 '여' 라는 것은 따로 있지는 않지만 여 라는 것은 따로 존재하지 않는다고 해서 여(如)함이 없는 것은 아니라고 말하는 것이니라.

회상 하느님은 (i^0) 이라고 했다. 수학에서 $(i^0 = 1)$이다. 그래서 요사이는 하나님이라고 한다. 반면에 여래는 공은, 진성 공은 (0^0) 이다. $(0^p \neq 1)$ 이 아니다. 즉 뭐라고 '정의 할 수 없다'이다. 기독교는 한국 조상들이 믿던 하느님은 불교에서는 타화자재천왕이다. 타화자재천(他化自在天, 산스크리트어: Para-nirmita-vaśa-vartino devāḥ)은 음역하여 바라니밀(波羅尼蜜)·바라니밀화야월치(波羅尼蜜和耶越致)·바라유마바사(波羅維摩婆奢) 또는 사사발리(娑舍跋提)라고도 한다. 이름 그대로 다른 존재들은 다 자신이 만든 존재(타화)이며, 자신은 스스로 존재(자재)한다고 믿고 있는 하느님이다. 부처님이 그 말을 인정한다. 타화자재천의 천왕은 욕계 6하늘의 가장 권위가 강력한 천왕이다. 그러나 그도 공의 이치를 몰라 수명과 권력과 재물이 한정적 시간에 묶여있음을 알고 항상 두려워한다. 그래서 못하게 하는 것이 많다.

진성공품(眞性空品) 6-6

얼짱, 몸짱의 신상 미혹에 빠지는 이유

묻습니다 > 사리불이 여쭈었다. 일체의 중생들은 부처나 보살의 종자가 없다는 일천제(一闡提)의 우리 맨땅 중생들은 어느 마음으로부터 시작해서 우리들의 어리석음 미혹의 마음이 여래와 여래의 실상에 도달할 수 있겠습니까?

답한다 > 부처님께서 말씀하셨다. 지금껏 알고 있던 그의 마음으로 여래와 여래의 실상에 도달하려면 다섯 단계의 지위에 차례차례 머물러야 하느니라.

일자(一者) 신위(信位): 첫째는 나도 여래가 될 수 있다는 '믿음의 단계'이다. 이 몸속의 진여의 종자(種子)가 망령된 마음으로 가려져 있으나 망령된 것을 버리면 마음이 청정해지는 것을 믿고 모든 경계가 의식과 언어의 분별로 그렇게 여겨질 뿐이라는 것을 아는 것이니라.

부처님을 평생 따라다닌 아난존자는 부처님의 걷는 모습을 보고 속된 말로 '뿅 갔다'그래서 출가를 했다. 그리고는 그 습이 남아 있는지 어느 날 몸 파는 여인인 마등가의 딸을 보고 또 '뿅 갔다' 그래서 많은 다른 제자들에게 희망을 주었다. 아 저런 제자도 저런 실수를 하는구나~~ 부처님은 아난에게 말했다! "아난아! 아직 몸의 상 즉 신상(身相)의 정체에 대해 미혹함이 남아 있구나. 어찌 된 연고로 너는 얼짱, 몸짱만 보면 그렇게 정신을 못 차리느냐?"

부처님은 시작부터 결과까지 다 아시는 일각통지의 통찰의 눈이 있으신 분이다. 불교의 3법인인 무상(無常) 무아(無我) 고(苦)에서 첫 번째 가르침에 대한 믿음이 없으면 '신상 미혹'에 빠진다. 그래 가지고는 (0°)의 진성공의 힘이 작동하지 않는다. 타화자재천왕 $(i^0 = 1)$의 업의 그물에 덜컹 걸려든 것이다. 그래서 가장 중요한 것이 무상, 무아, 공에 대한 믿음이다. 그러나 요즘 신세대들은 절대 "보지 않고 믿는 자 진복자로다!"가 실현이 안 된다. 방법은 하나다. 자신이 자신을 가르쳐야 한다. 여하간 예쁜 것과 잘생긴 것처럼 큰 복이 없는 것 같다. 가장 큰 그 복에 대한 관리능력이 그 복이 화가 되기도 하지만.

돈 뜨겁게 사랑하고
차갑게 다루어라!- 경계미혹

이자(二者) 사위(思位): 둘째는 자신이 여래라고 '생각할 줄 아는 단계'이다. 자신이 여래라고 생각할 줄 아는 단계라는 것은 자신의 눈앞에 펼쳐지는 모든 경계가 오직 의식과 말로 이루어져 있을 뿐이며, 그것을 의식과 언어로 분별한 후에 자신의 의노함에 따라서 자신이 그렇게 보고 싶고, 그렇게 믿고 싶은 바에 따라 나타나는 그렇게 해서 보이는 경계일 뿐이다. 그런 자신의 눈앞에 투사된 모든 것에 대한 것이 그릇된 업의 인식일 뿐, 여래의 식(識)이 아니라고 관(觀)하면서 나의 본래의 여래의 식(識)은 정해진 법도 아니며, 의도된 뜻도 아니요, 육근 경계로 취해지는 대상도 아니며 취하는 주체도 아님을 아는 것이니라.

회상 그녀는 대기업 사장 부인이다. 어느 날 점보는 집에 갔다고 했다. 점 선생 왈(曰) "몸에 금(金)붙이 지니고 다니지 마시오. 집에도 두지 마시오" "어머 어쩌지요? 저 금 너무 좋아하는데." "내 말 들고 이익 봐도 당신 몫, 손해 봐도 당신 몫이요. 그렇지만 하나는 알고 계시오. 사람들 대개 자기가 좋아하는 것 하다가 망하는 법이오."

생각 미혹

삼자(三者) 수위(修位): 셋째는 '여래의 성품을 닦아가는 단계'이다. 닦는다는 것은 이제 한 마음으로 생각과 행동을 하나로 하는 수행으로 주체적인 마음을 일으키면서 마음을 일으킴과 닦음이 동시에 하되, 먼저 새로 만난 '내 안의 나의 정체'를 바로 아는 지혜로 이끌어 가면서 가지가지의 장애와 마장을 배제하면 번뇌나 업장의 속박에서 벗어나는 것이니라.

회상 응물, 불염물: 사물, 재물을 대하고, 사물과 재물에 물들지는 말아라! 필자는 증권회사 직원이었지만, 그룹 비서실 정보팀일도 했었다. 정보비는 월급 40% 수준이었다. 그리고는 그렇게 정보를 쫓아다니는 일을 수십 년 간 했다. 그리고 망했다. 왜 그랬을까? 나의 생각에 미혹된 것이었다. 자기에게 나타난 경계는 인연으로 나타난다! 반드시. 이것을 믿지 못하면 불자가 아니다. 불교는 인연소치와 자업자득을 근본으로 삼고 있기 때문이다. 다시 말해 정보를 통해 대박을 얻을 것처럼 보이는 인연이 나타난 것인데 돈에 물들어있는 상태이기에 아직 사람들이 모르지만 나는 안다! 라는 나의 생각에 쫓아가 함몰되어 버리는 것이다. 그런데 그 경계는 왜 나에게 나타나 그런 생각을 하게 한 것일까? (1과 0)사이의 내 마음이 그 경계로 (1과 무한대)에 나타난 것이었다. 왜 나타났을까? 상에 물든 나를 정상으로 만들려는 에이와 여신의 균형으로 나를 바로 세우기 위해서다. 어찌 감사하지 않을 수 있는가? 이런 생각을 하다니 나도 참 많이 컸다. 그리고 죽기 전에 알아서 감사하다. 투덜댔던 지난 일을 참회할 뿐이다.

인연의 법과 보리의 법

사자(四者) 행위(行位): 넷째는 '여래의 행을 행하는 단계'이다. 여래의 행을 행한다는 것은 수행해야 하는 단계를 떠나 마음에 취하고 버리는 것이 없어져서 지극히 청정하고 예리한 본연의 뿌리 근기가 되어 모든 경계와 대상에 부동의 마음으로 모든 존재에 여여한 마음과 행동으로 더 이상 타력이 아닌 스스로 결정하는 100% 자력(自力)의 보배로운 성품의 발현으로 모든 행을 하는 것이니 위대한 열반의 경지이며, 오직 자성만이 공적하고 광대하게 펼쳐진 상태이니라.

회상▶ 불교에는 두 가지 법이 있다. 하나는 인연법이고 또 하나는 보리의 법이다. (0과 1) 사이의 법이 보살의 법인 보리의 법이 작동하는 세계이며, (1과 무한대) 사이의 법인 중들이 인연법이 작동되어 나타내 보이는 세계이다. 그러면 여래는 어떻게 행하는가? 어떻게 행하는 것이 여래의 행을 행하는 단계라고 하는 것인가? 보리법으로 인연법을 대하는 것이다.

『능엄경』에서 성법제일의 부루나 존자가 부처님께 공부 잘 하다가 엉뚱한 질문을 한다.

"부처님 제가 무아(無我)인 것도 이해가 되고, 제가 이해하고 만나게 되는 세상의 법도 무상(無相)의 법임을 알겠습니다. 그런데 저 하늘과 태양, 달, 별, 그리고 저 산과 강은 무엇입니까? 저것도 없는 것입니까?"

필자가 글을 쓰는 지금 러시아와 우크라이나는 바흐무트 지역에서 수십만의 병사들이 목숨을 잃어가며 전쟁을 하고 있다. 바흐무트의 고지대를 서로 차지하기 위해서라고 한다.

그런데 바흐무트 지역이라는 '킬링필드'가 왜 그 두 나라 국민들과 군인들 앞에 나타난 것일까? 우리는 왜 그 지역을 방송을 통해 알고 듣고 있을까? 그런데 전 세계 모든 국민들이 바흐무트를 알까? 우리 집 강아지와 한국과 전 세계의 수많은 닭과 소와 돼지와 바다와 강의 물고기 곤충들이 바흐무트를 알까? 그 지역의 동물들은 알 것이다.

부처님은 말한다. 산하(山河)대지(大地)도 그 사람 앞에 나타날 때는 그 사람의 업이 투사한 그 사람의 마음이 나타난 것이다! 라고. 다시 말해 산하대지도 전쟁터도 있는 것도 아니고 없는 것도 아니다.

왜? 인연의 이치로 인연이 있는 사람 앞에 나타나는 것이다. 한강도 낙동강 전투도 침입해 오는 중공군도 일본군도 IMF 국가부도도, 보이스피싱 사기범도, 나타날만한 인연 있는 사람에게만 나타나는 것이다. 이것을 알고 행동하는 것이 '여래의 행'이다.

진성공품(眞性空品) 6-10

종법화생(從法化生) 명위보현(名爲普賢)

오자(五者) 사위(捨位) : 다섯째는 '이미 해탈하여 여래의 성품을 행하고 있음도 버리는 단계'이다. 이미 모든 욕망과 기대에서 해탈하여, 여래의 성품을 행하고 있음도 버리는 단계란 불성이, 성품이, 주인공이, 공의 나가, 자성이 모든 것이 텅 비고 허망하다는 공적함에 머물지 않고 그럼에도 불구하고 이 몸 받아 나온 그 낙처에 대한 바른 지혜가 흘러서 변화해서 대자 대비한 여여한 상을 갖추었지만 그 여여함에도 머무르지 말아야 하느니라.

그리고 그 바른 지혜의 상태인 삼먁삼보리(三藐三菩提)에도 마음이 비워져서, 그 증득함마저도 없는 단계이니 마음은 대우주 전체로 일망무제로 가없어서 그 처소를 볼 수 없을 정도로 커졌으니 이때 이것을 자신의 여래에 이르렀다고 할 것이니라.

선남자여, 이 다섯 단계는 일각으로서 본각의 이익에 따라서 들어가나니, 만일 중생을 교화하고자 한다면 본처(本處)에 따라야 하느니라.

회상 여래의 자리에서 일어나는 일은 여래가 만들어 낸 일이기 때문이다. 여래는 사람이 절대 아니다. 유일신도 아니다. 여래는 (0⁰)이라고 필자는 이미 밝혔다. 집단 지성의 힘. 집단 영성의 힘이라고 간단히 표현 할 수도 있겠지만, 이것도 비유다 . 사실 알려고 하고 정의를 내리려고 하면 힘이 뚝 떨어진다. 여래장 공부 득력에 방해가 될 뿐이다.

삼라만상과 일체만법과 산하대지와 천지만법이 모두 일심소현이라고 이미 밝혔다. 한 마음 일삭의 마음이 나타난 바 라는 것이다. 이렇게 나타난 것을 『화엄경』에서는 보현(普現)이라고 한다. 그리고 이렇게 나타난 모든 것을 현명하고 지혜롭게 잘 대처하는 보살이라고 해서 보현(普賢)보살이 등장한다. 나타난 모든 것 즉 보현(普現)은 부처님의 법의 교화로 나타난 것이며, 법의 교화로 생겨난 것들이다. 한자어로 종법화생(從法化生) 명위보현(名爲普賢)이다. 즉 부처님 법을 따라 변화의 몸으로 변화의 현상으로 생겨난 것이며 이름 하여 보현이라고 한다! 라는 의미다

그러니 어찌해야 하겠는가? 다 버리고 생각도 버리고 작은 하나 티끌조차 와서 붙을 수 없는 (0⁰) 의 자리로 돌아가야 한다. 여래라 생

각도 버려야 한다. 한 생각이라도 일으키면 생각의 (i), 허상의 (i) 의 먹이가 된다. 그러면 타화자재천왕 $(i^0 = 1)$의 업에 그물에 걸려 드는 잠자리 신세가 된다. 당신은 (i^1) 을 일으킨 것이므로. 그래서 이미 해탈하여 여래의 성품을 행하고 있음도 버리는 단계가 반드시 필요하다. 여래장의 힘을 쓰려면.

68

진성공품(眞性空品) 6–11

무념 무심은 (0)이고, 그 실상은 (0^0)이다

묻습니다 > 사리불이 여쭈었다. 어떠한 것을 그 '본래 그 자리'에서 사는 것이라 합니까?

답한다 > '본레 그 자리'란 없느니라. 어디라고 정해신 상소가 없는데 있으면서 마음의 요단강을 건너 그 공(空)의 일망무제한 법계바다의 실상에 들어가서, 그 어떤 자리에 가서야 '보리심'을 발동하여 성스러운 '팔정도'를 원만하게 성취하는 것이니라. 왜냐하면 선남자여, 본래 그 자리에 들어간다. 라고 함은 마치 손으로 저 허공을 잡는 것과 같아서 얻은 것도 아니며, 얻지 않은 것도 아니기 때문이며 이미 네가 있는 그 자리가 본래 그 자리이기 때문이니라.

회상 > (0^0)은 정의 할 수 없는 수(數)라고 이미 밝혔다. 이른바 무심(無心)의 수라고나 할까?

조주 스님의 개가 불성이 있나? 라는 질문에는 없다! 라고 했고, 왜 없느냐? 라는 질문에는 '있다'고 했다. 우리가 아는 (0)은 그 실상은 (0^0)이다. 그래서 (0)의 자리가 어디냐고 묻는 사리자 존자의 질문에 부처님은 없다! 라며 (0)의 자리가 없다고 하신다.

나는 친구들에게 이것을 납득시키기 위해 나의 아버지는 (0과 3)이며 어머니는 (0과 7)이며 큰 누이는 (0과 6)이며, 작은 누이는 (0과 2)며 , 동생은 (0과 5)며, 나는 (0과 9) 라고 비유했다. 나의 처는 (0과 11)이며, 딸은 (0과 15)며 아들은 (0과 33)이라고 했다.

중생들의 안목과 지견으로는 서로 간의 관계에 따라 최대 공약수와 최소 공배수가 성립되는 관계도 있고 성립 안 되는 관계도 3대의 관계 사이에서도 정해져 있다고 할 수 있다.

그러나 불성은 무엇인가? 바로 모두들 가지고 있는 (0)이다. 이 (0)을 활용하면 얼마든지 최소 공배수와 최대 공약수를 찾아 낼 수 있는 것이다. 보리심과 팔정도가 저절로 갖추어 지지 않고 배기겠는가?

69

진성공품(眞性空品) 6-12

(0)을 활용하면 얼마든지 최소 공배수와 최대 공약수를 찾아 낼 수 있다! 이것이 본각의 이익을 취하는 법이다!

묻습니다 > 사리불이 여쭈었다. 세존께서 말씀하셨듯이 '일'을 다룸에 앞서서 그 본각의 이익을 먼저 취한 다음에 하라고 하셨는데, 본각의 이익을 취한다는 생각도 적멸한 것이고 적멸함이 여여한 것이라 하셨으니 이미 우리들 스스로가 모든 공덕을 다 지니고 있고, 또 모든 법을 다 갖추고 있다니 그 원융무애 함이 둘이 아님에 참으로 불가사의 하옵니다.

이 가르침은 마땅히 마하반야바라밀(摩訶般若波羅蜜)이며

시대신주(是大神呪) : 이것이 모든 신(神)들의 주문이며

시대명주(是大明呪) : 이것이 크게 깨침을 얻은 존재들의 주문이며,

시무상주(是無上呪) : 이것이 위없이 밝게 깨친 자들의 주문이며

시무등등주(是無等等呪) : 이것이 비교할 대상이 없는 최고의 주문이라는 것을 마땅히 알아야 할 것이옵니다.

진성공품(眞性空品)

답한다 > 부처님께서 말씀하셨다. 그러하니라, 그러하니라.

진여(眞如)라 하지만 진여는 공(空)한 성품이며 모든 법이 모두 공상(空相)이라는 지혜의 불로 가지가지의 번뇌를 태워 없애 모든 것을 평등하고 평등하게 하니 등각(等覺)의 세 가지 경지와 묘각(妙覺)의 세 가지 몸이 9식(識) 가운데서 명백하여 밝고 깨끗하여 어떤 '환영 따위'도 실체가 있을 수 없느니라.

선남자여, 이 법은 인(因)도 아니고 연(緣)도 아니며, 지혜 자체의 작용(作用)이니라. 움직임도 아니고 고요함도 아니니, 그것은 작용의 속성도 공하기 때문이요. 그 뜻도 있는 것도 아니고 없는 것도 아니어서, 공한 모습도 공하기 때문이니라.

선남자여, 만일 이러한 인연이 아직 없는 미혹한 중생을 교화하려면, 먼저 그 중생들이 이러한 이치를 관(觀)하여 들어가게 해야 하니 이 모든 것이 그 실상은 공(空)한 것이라는 이치에 들어가야 그들의 여래를 보게 되는 것이니라.

회상 > 위에서 자기 앞에 반연된 1차 인연부터 (0¹) 에서 (0² 0³ 0⁴ 0⁵ 0⁶ 0⁷ 0⁸ 0⁹ 0¹⁰)로 가는 법을 가르쳐 주는 것이 보살의 일이라고 하면서, 100불로 1억불까지 돈을 만드는 법을 비유해서 설명했다.

어떻게 그것이 가능한가?

100불이라고 함은 자체 성품이 없다. 100불이 모이는 인연만이 필요할 뿐이다. 마찬가지로 1억불이라고 해도 자체 성품이 없다. 1억불이 몰려드는 인연만이 필요할 뿐이다. ($0^0\ 0^1\ 0^2\ 0^3\ 0^4\ 0^5\ 0^6\ 0^7\ 0^8\ 0^9\ 0^{10}$) 모두가 자체 성품이 없는 것이다. 그래서 내 눈 앞의 한 사람 마음이 1억 명의 마음속으로 들어갈 수 있고, 그 10억 명의 마음이 내 마음 하나로 들어 올수 있다. 애플 테슬라, 구글, 마이크로소프트, 트위터, 페이스 북. 그 젊은 아이들이 장사 그렇게 하는 것 아닌가? 물론 우리는 중간에 사심이 생겨 스스로 자기 성을 자기가 무너트리는 사람을 보게 될 것이다.

본주본산기도 : 몸은 내 것이라고는 하나도 없는 몸 아닌 것으로 구성되어 있다

묻습니다 > 사리불이 여쭈었다. '내 안의 여래'라는 뜻으로 관찰하면 가지가지의 의식의 흐름에 머무르지 않으며, 마땅히 4선(禪)에도 머물지 않고 유정천(有頂天)을 뛰어 넘겠습니다.

답한다 > 부처님께서 말씀하셨다. 그러하니라. 왜냐하면 일체의 가지가지 법(法)은 이름과 숫자일 뿐이니 4선정 이라는 것도 그와 같으니라. 시커먼 중생들도 마침내 자신의 여래를 볼 것 같으면 내 안에 잠자던 여래의 마음이 자재로워져서 항상 멸진처에 있게 되며, 내 안의 여래의 성품이라는 것도 나오는 것도 아니고 들어가는 것도 아니니, 안팎이 모두 평등해지기 때문이니라.

선남자여, 세상에서 행해지는 4선정 등등의 저러한 가지가지의 선관(禪觀)은 모두 '공(空)'을 생각으로 다루는 '정(定)'이기에 지금의 이 '여여함'은 그런 것들과 다른 것이니라. 왜냐하면, 생각으로 다룬

다. 라고 함은 이러한 '여(如)'로 '그 여실함'을 관(觀)하여 그러한 여여한 상을 보는 것이 아니니라. 모든 법을 여관여실(如觀如實)하게 관하라는 것은 모든 모습이 이미 사라져 없어져 버리고 난 후의 마음이 모두 하나의 자신의 그림자만을 대하고 있다는 뜻의 '심일경성'의 그 적멸이 바로 여여의 뜻이기 때문이니라. 그와 같이 생각으로 만들어진 선정(禪定)은 움직임이지 선(禪)이 아니니라. 왜 그런지 알겠느냐?

선의 자성은 모든 움직임을 떠나서 감정으로 물들이는 것도 아니고 물들여진 바도 아니니라. 따라서 중생들의 생각이 안(眼), 이(耳), 비(鼻), 설(舌), 신(身), 의(意)의 여섯 가지 정(情)으로 색칠을 하고, 물들여 놓은 법은 실상의 존재가 있는 법도 아니며 그렇다고 없는 환영도 아니며 그러한 모든 분별을 떠나야 본각의 이익을 취할 수 있기 때문이니라. 선남자여, 이와 같이 관찰하는 정(定)이라야 선(禪)이라 이름 하느니라.

회상 이 글을 쓰고 있는 사이 한 불자님께 전화가 왔다. 동생 문제로 본주본산 기도를 해보고 싶다고 하셨다. 그래서 왜 본주본산 기도를 하고 싶다는 생각을 했냐고 물었더니 동생의 건강 때문이라고 했다. 나는 본주본산 기도 고천문(告天文)을 써서 보내드리겠다고 했다.

본주본산 기도는 몸이 아플 때 하는 기도다. 몸은 무엇인가? 그러나 우리 몸은 몸 아닌 것들로 구성되어 있다. 생각해보라. 어머니의 난자와 아버지의 눈에 보이지도 않는 극미의 정자로 몸이 만들어져서 자라난 것이다. 어머니의 난자가 내 것인가? 아버지의 정자가 내 것인가? 그리고 세월 동안 쌓인 것은 내 밖의 것이 들어와 모여서 쌓인 것이다. 본래 내 것은 하나도 없다. 그래서 몸은 공(空)이며 나는 무아(無我)이다. 그리고 이 몸은 항상 하지 않고 항상 변하고 늙고 아프고 죽는다. 죽으면 밖에서 들어온 것은 다시 밖으로 돌아간다.

즉 나의 몸은 자체 성품이 없는 것이다. 나는 단지 몸을 사용할 옵션만을 갖고 있었음을 사람들은 모른다. 주식이나 코인 등의 상품으로 옵션거래를 하면서도 자기 몸이 옵션인지를 모른다. 옵션은 반드시 만기가 있는 법이다. 그 정해진 기간 동안 자신이 몸 받을 이유를 알고, 그 몸으로 무엇을 행해야 하는지 몰라 그 몸이 병들거나 죽게 되었을 때 하는 기도가 본주본산 기도다. 제대로 하면 반드시 좋은 인연으로 다시 건강한 몸으로 돌아올 수 있다. 왜? 아픈 몸도 자체 성품이 없으므로. 본주본산 기도는 내 안의 여래의 성품이라는 것이 나오는 것도 아니고 들어가는 것도 아니며, 안팎이 모두 평등해지며 그 실상은 (0^0)이기 때문이다.

그래서 본주는 본 조상줄을 의미한다. 자신의 친가 일체조상과 외가 일체조상의 업의 줄을 타고 몸을 받았다. 본산은 태어난 땅의 기운을 말한다. 우리 몸은 흙에서 왔다가 흙으로 간다. 그 흙의 신(神), 대지의 신(神), 산의 신(神), 하늘의 신(神), 물의 신(神) 등의 지수화풍의 신이지만 담당자는 산의 신(神)이다. 그래서 본주본산 기도는 업의 매트릭스를 정상화 시켜달라는 것이다. 그리고 그 모든 신들에게 공부해서 여래의 매트릭스를 전해주겠다고 약속하는 것이다. 그 분들도 몸이 있으며 죽음의 공포를 가지고 방법을 몰라 항상 걱정하기 때문이다.

진성공품(眞性空品) 6-14

자가보장 100억 찾기 과제

묻습니다 > 사리불이 여쭈었다. 불가사의합니다. 여래께서는 항상 '있는 그대로' 너에게 생긴 일은 네가 지어서 받는 것으로 그 현상과 상황은 있으나 그 현상이 실체가 없는 것입니다. 저희들이 실상(實相)으로 중생을 교화하되 이러한 실상의 뜻에는 글이 많고 뜻이 풍부하여 근기가 영리한 중생들은 각자 들어서 알아 수행해 닦을 수 있을 것이옵니다. 그러나 근기가 아둔한 중생은 부처님께서 말하는 '반야관법'으로 실상을 보라는 뜻을 알기가 어려우리니, 수행을 아직 하지도 못한 저 아둔한 중생들은 어떠한 방편으로 이 진리에 들어오도록 하겠습니까?

답한다 > 부처님께서 말씀하셨다. 저 아둔한 근기(根基)의 중생들이 단 하나의 「사구게(四句偈)」만이라도 받아 지니게 하면 참된 진리의 법계에 들어가리라. 왜냐하면 일체의 모든 내가 말한 법이 하나의 게송 가운데 함유되어 있기 때문이니라.

회상 이제 우리는 우리가 누구인지 안다. 그러면 어떻게 살아야 하나?

1. 자신이 (0과 자신 0)을 모르고 사는 일체 중생을 버리지 않는 것이다.
2. 자기 앞에 반연되어 있는 가족 친구 만남의 인연들에게 피곤과 짜증을 내지 않는 것
3. 일체 세계에 집착하지 않는 것
4. 그리고 관찰하고 그들을 가르침에 싫증을 내지 않는 것이다.

그 힘은 진성공과 여래장에 가면 저절로 갖추게 된다.

진성공품(眞性空品) 6-15

자가보장 100억 찾기 과제가
영구미제(永久未濟)로 끝날 뻔

사리불이 여쭈었다. 어떠한 것이 네 구절로 된 게송입니까? 원하옵
건대 말씀하여 주십시오. 이에 세존께서 게송으로 말씀하셨다.

인연소생의 因緣所生義 시의멸비생 是義滅非生
멸제생멸의 滅諸生滅義 시의생비멸 是義生非滅

그 때에 대중들은 이 게송을 설하시는 것을 듣고 매우 기뻐하였으
며, 모든 '생과 멸'에 대해 증득하고 '생과 멸'에 대한 반야를 얻고
'공성'의 반야지의 바다를 얻었다.

회상 연기(緣起)에 의한 인연에 의해서 생(生)했다! 라고 말은 하지
만 그 뜻은 그 연기(緣起)에 의한 인연이 생(生)한 것이 아니라,

'본래 너 자신'을 사용하지 않아서 그 작용이 멸(滅)한 것이고,

234

모든 연기(緣起)에 의한 인연의 생멸(生滅)을 다 멸했다! 라는 뜻은,
모든 연기(緣起)에 의한 인연의 생멸(生滅)이 멸한 것이 아니라,
'본래 너 자신'이 이제 그 작용이 생(生)한 것이니라.

아 얼마나 즐거운가? 나를 가르칠 수 있어서. 이 게송으로.

Part 5

생활에의
실제적 적용

여래장 매트릭스

＊ 여래장품(如來藏品)

장자들은 무엇으로 재물과 지혜를 같이 얻었을까?

13

여래장품(如來藏品) 7-1

아무것도 구하고 바람이 없는 여유로움이 행! 그것이 범행(梵行)

여래장품 7-1/1

그 때 범행 장자(梵行長子)가 '무심(無心)의 그 자리'에서 일어나 부처님께 아뢰었다. 세존이시여, '생'의 뜻은 '없어질 수 없음'이며 '멸'의 뜻은 '생겨날 수 없음'이라 하시니 항상 있는 그대로의 뜻을 가진 '여'의 뜻이 바로 부처님의 깨달음입니다.

'깨달음'의 본래 성품은 개인의 계산법과 판단으로 분별함이 없는 것이며, 분별함이 없이, 그냥 알아지는 지혜입니다. 또한 무궁무진함까지 다 분별하는 것이니 그 지혜의 무궁무진함은 모든 분별이 사라지고 난 연후에만 나타나는 것일 것이옵니다. 이러한 깨달음의 상(相)은 불가사의하고 불가사의한 가운데 어느 한 생각도 분별함이 없음! 이라는 것입니다.

회상 우리는 심왕 보살과 무생행을 공부했다. 심왕 보살의 지혜를 무생인(認)이라고 했다. 여기서 인은 알아서 인식하다의 인(認)이다. 생각해보면 최고의 지혜는 무생인이 맞다. 지혜가 생겨났다가 없어졌다가 하면 그것이 지혜라고 할 수 있을까? 항상 언제 어디서나 맞는 지혜는 생멸이 있을 수 없다.

여래장품 7-1/2

세존이시여, 일체 존재하는 모든 것의 생성원리의 그 수는 헤아릴 수 없고 끝도 없겠으나 그 많고 많은 법상의 모든 존재하는 실체는 하나의 진실한 뜻의 발현인데, 수많은 법에 오직 하나의 성품이 작용하는 것은 어째서입니까?

회상 위 여래장의 식에서 f(나) 는 나를 구성하는 모든 함수를 의미하는 기호이다.

그리고 적분 기호로 알려져 있는 $\int$ 은 '인테그럴'이라고 읽는다. 그래서 인테그럴 $\int_{-1}^{1}$ 은

세세생생의 모든 나의 체험과 경험과 정보를 말한다.

우리는『금강삼매경』에서 나를 (0 과 1) 로 표현했다. 그리고 천부경에서 일시무시일 일종무종일을 (1시 0시 일, 1종 0종 1) 즉 (1)은 (0)에서 나왔으며, 그 (1)은 (0)으로 돌아간다. 라고 기호화 했다.

오직 하나의 뜻의 진실한 발현이며, 수많은 많은 법에 오직 하나의 성품이 작용한다고 했는데 그 하나는 어떻게 표시할 수 있을 까? 바로 (0) 이다.

여래장품 7-1/3

답한다 > 부처님께서 말씀하셨다. 장자여, 불가사의하니라. 내가 설한 모든 가르침은 어리석은 자를 위한 가르침이기 때문이며 그들도 방편으로 인도하기 위해서이므로 일체 나의 가르침의 방식은 '하나의 실다운 뜻'의 지혜를 가르치기 위해서이니라.

왜냐하면 마치 한 도시에 동, 서, 남, 북의 네 개의 대문을 개설해 두면 이 네 개의 대문을 통해 모두 하나의 도시 안으로 들어갈 수 있는 것과 같으니라. 저 중생들도 그렇게 자신의 방식대로 마음대로 들어가더라도 '우주 법보장'과 각자의 보배창고의 갖가지 가르침의 맛으로 들어가게 함과 같으니라.

회상 > 비유해서 설명하면 「여래장품」의 여래장은 (0과 1) 사이의 모든 수의 개수를 담고 있는 저장창고다 보이지 않지만 확실히 있다. 마치 나무뿌리처럼. 또 (1과 0) 사이의 모든 개수를 나타낸 것은 '보현행상'이라고 한다. 여래장 씨앗에 담고 있던 법의 종자가 발현된 것이기 때문이다.

우리는 자신과 세상의 미래를 알려고 노력한다. 그러나 정해지지 않은 것은 알 수가 없다. 그래서 미래를 알 수가 없는 것이다. 특히 우리 같은 수행인들의 미래는 더더욱 알 수 없다. 그 이유는 일반인들은 그냥 자신의 '색'의 자신으로 알고 살아간다. 그러나 우리는 지금 여래장을 공부하며 $(-1 \sim 0 \sim +1)$의 범행을 하려는 사람들이다. 어찌 미래를 알겠는가?

그럼에도 불구하고 우리의 미래를 알 수 있는 방법이 하나 있기는 하다. 우리의 과거를 돌아보면 된다. 과거가 미래이기 때문이다. 그래서 우리는 21일 지심참회라는 것을 했고 과거의 업을 녹이고 미래의 선업을 지금 짓고자 이 공부를 하는 것이다.

14

여래장품(如來藏品) 7-2

도를 이루는 것과 돈을 버는 것은 한 가지 맛을 가지고 있다

묻습니다 > 범행 장자가 여쭈었다. 부처님 가르침대로 '불생불멸 불구부정하고 부증불감'의 세계인 그 한 가지 맛에 머무르고 있더라도 마치 그 한 가지 맛으로 사람도 나무도 풀도 모든 동물들도 산도, 들도 그 일체의 모든 존재들이 한 가지 맛에 포섭될 것입니다.

답한다 > 부처님께서 말씀하셨다. 그러하니라, 그러하니라. 왜냐하면 한 맛의 진실한 뜻은 하나의 큰 바다와 같아서 일체의 흐름이 '그 하나의 일미의 실체'로 들어가지 않음이 없느니라. 범행 장자여 '일체법미(一切法味)' 일체 법의 맛은 오히려 저 모든 흘러들어오는 흐름들과 같아서 이름과 숫자에 담긴 존재의 이유인, 각각 해야 할 바는 비록 다르게 받아왔지만 산에 있는 물, 강에 있는 물, 화장실에 있는 물, 사람을 살리는 물, 죽이는 물이 그 작용은 다르지만 그 '물'자체는 다르지 않은 것과 같으니라. 만일 큰 바다에 들어가면 여러 흐름을 통해서 들어온 모든 물들을 통괄하듯이 한 맛에 머무르게 되나니, 곧 모든 맛을 다 끌어안기 때문이니라.

회상 『화엄경』에는 「범행품(梵行品)」이 있다. 범(梵)이라는 한자어는 숲 속에 사는 모든 범속(凡俗)적인 존재들을 다 일컫는 말이다. 그렇게 모든 존재들이 형상과 모습은 달리 하고 있지만 「범행품」의 질문자는 하느님이다. 그 하느님 이름은 정념(正念) 하느님이다. 올바르고 정확한 일념을 하실 수 있는 하느님이라는 의미이다. 그리고 답변자는 부처님의 가피를 받아 답을 설해주시는 법혜 보살이시다. 법계의 운용원리에 대한 지혜를 완벽히 갖추신 분이라는 의미이다.

이 법혜 보살은 정념 천자에게 이 하나의 법의 맛을 보는 방법을 가르쳐준다. 제일 먼저

1. 자신의 몸을 관찰해야 한다.
2. 그리고 몸이 하는 행동과 행위와 결과를 관찰해야 한다.
3. 자신의 입에서 나오는 말을 관찰해야 한다.
4. 그 말이 입 밖에 나와서 시작과 끝을 살피는 것을 해야 한다.
5. 말하지 않더라고 자신의 생각을 관찰해야 한다. 생각에는 마장이 따르기 때문이다.
6. 그 생각으로 인해 자신과 주변에 일어나는 인연들을 관찰해야한다.

7. 깨달음이란 무엇이지를 알아야 한다.

8. 깨달음의 법으로 이루어지는 여래의 메트릭스를 관찰해야 한다.

9. 몸에 욕심을 내는지, 생각에 미혹한지, 경계에 미혹한지 살펴야 한다.

10. 진실과 실제에 맞는지 항상 관찰해야 한다.

75

여래장품(如來藏品) 7-3

우주 은행에서 돈을 출금하거나
대출 받거나 투자받으려면

묻습니다 > 범행 장자가 여쭈었다. 부처님의 모든 가르침이 한 가지 맛이라면 어찌하여 3승의 길과 이 가르침에 그 지혜에 차이가 있다고 합니까?

답한다 > 부처님께서 말씀하셨다. 장자여, 비유하자면 강(江)과 하(河)와 천(川)과 바다(海)는 크고 작음이 다르고 깊고 얕음의 차이가 있고 이름과 글자의 다른 고로 물이 강 가운데 있으면 '강물'이라 부르고, 하수 가운데 있으면 '하수'라 부르고, 회수에 속해 있으면 '회수'라 부르지만 물이 함께 바다 가운데 있으면 오직 그 이름이 바닷물인 것처럼 '법' 또한 이와 같아서 '진여'속에 함께 있으면 단지 그이름을 부처의 길이라고 부를 뿐이니라.

장자여, 그 꽉 찬 허공의 부처의 길(佛道)에 머무르면 세 가지 행(三行)에 통달하느니라.

필자는 오랫동안 여래장을 궁금해 해왔다. 여래장을 우주의 모든 정보창고, 보물창고, 우주 은행 등으로 개념을 갖고 있었기 때문이다. 그런데 문제가 있었다. 이 우주은행의 돈을 출금해서 쓸 수 있는 사람은 출가자여야 한다는 것을 몰랐던 것이다. 그렇다고 삭발을 할 필요는 없다. 물론 나이가 들어서 받아 주지도 않는다. 그러나 우리는 심출가 하면 된다. 심출가(心出家)해서 하는 행동이 범행이기 때문이다. 몸의 출가이건 마음의 출가인 심출가이건 출가자는 구하고 바람이 있을 수 없다. 이미 다 갖추고 있기 때문이다. 이것이 믿어지는 사람이 신심(信心)있는 사람이다. 이 신심을 갖게 하려고 우리는 지금까지 공부해왔다. 「여래장품」에는 재물과 권력과 명예를 다 가진 8만 장자들을 대신해서 범행 장자께서 질문해 주신다. 범행 장자, 대범행 장자, 수제 장자 등은 우주은행의 경영자이며 출가자이며 고객이기도 하다.

246

76

여래장품(如來藏品) 7-4

여기서부터 당신의 운명은
바뀌기 시작할 것입니다

범행 장자가 여쭈었다. 어떠한 것을 세 가지 행(三行)이라 합니까?

불언(佛言): 부처님께서 말씀하셨다.

첫째 수사취행(隨事取行): 첫째는 '현상'에 따라 취하는 행이며,

둘째 수식취행(隨識取行): 둘째는 '식'에 따라 취하는 행이며,

셋째 수여취행(隨如取行): 셋째는 그때그때 있는 '상황' 그대로에 따라 취하는 행이니라.

장자여, 이와 같은 세 가지 행은 많은 방법들을 모두 다 통섭(通攝)하고 있으니, 일체 법계의 살림살이에 대한 가르침은 여기에 포함되지 않는 것이 없느니라. 이 행에 들어오는 자는 일체가 공(空)임에도 불구하고 공(空)이라는 공상(空相)을 일으키지 않으니 이렇게 들어오는 사람이라면 여래장(如來藏)에 들어왔다고 말할 수 있느니라. 여래장에 들어간다는 것은 들어가되 들어간 것이 아니기 때문

이니라.

회상 필자는 12년간 화두를 가지고 있었다. 뭐지? 나는 도대체 뭐지? 그리고 2023년 나는 '나'를 만났다. "깨닫는 것이 세수하다가 코 만지기 보다 더 쉽다"라는 말을 나를 더 화나게 만들었었는데, 그 말이 사실임을 아는 순간 참으로 허망하기가 이루 말 할 수 없는 그 무엇이 밀려왔다. 징조가 없었던 것은 아니다. 경제가 조금씩 들어오기도 했고, 핸드폰도 바뀌고, 지갑도 바뀌고 무엇보다도 몸무게가 20년 전으로 돌아가 있었다.

이렇게 쉬운 것을 무엇이 나를 그렇게 어렵게 만들었을까?
제일 먼저 내가 나에게 무아(無我)를 가르치는 데 성공하지 못하고 있었다.
둘째. 부처님이 연기법을 깨달으셨다고 했는데 연기에 대해 정확히 나는 나를 가르치지 못했다
셋째: 바로 이 여래장(如來藏)이었다. 나는 나에게 여래장을 가르치지를 못했다. 그 이유는 내가 여래장을 잘못 인식하고 있었기 때문이다.

나는 내가 깨달았다고 말하고 싶지만 그런 말도 하기 싫다.
단지 나는 이제 무아를 알았고, 12연기를 기반으로 연기법을 알고, 여래장을 알았다.

그러면 어떻게 될까?

구하던 돈과 명예와 권력을 구하고 바랄 필요가 없다.

건강도 그 무엇도 구하고 바랄 필요가 없어졌다

왜냐?

이미 나는 여래장의 접속코드를 알았기 때문이다. 그 코드는 (i^0)이다.

그러면 그 다음은 어떻게 되는가?

태평양 북쪽의 오오츠크 해에서 놀던 연어가 자기의 고향 강릉 남대천에서 방류된 그 곳으로 돌아가는데 걸리는 시간만이 필요하다. 제비가 남쪽나라로 돌아가고 기러기가 북쪽 자기 고향으로 돌아가듯이 그렇게 가기만 하면 된다.

수사취행? 자기 생각을 내려놓아야 한다. 자기의 생각은 생각 아닌 것들로 이루어져 있기 때문이다. 그렇게 새로이 눈앞에 닥친 일을 처리하면 된다.

수식취행? 생각을 내려놓은 상태를 수학기호로 표현한 것이 (i^0)이다! 그런데 눈앞에 경계가 다가왔으니 첫 생각이 필요하다. 그것이 (i^1)이다. ($i^1 = \sqrt{-1}$)이다. ($\sqrt{-1}$)은 금생에 몸 받기 이전의 세세생생의 자기의 삶의 정보들이다. 아뢰야식이라고도 한다. 그 업종자의 뿌리는 무엇인가? 그 실체는 없는 것이다. 그렇게 제상(諸相)이 눈에 보이는 그 상이 아닌 비상(非相)임을 스스로에게 자각시키는 것이다. 그 수식기호가 (i^2)이다. 드디어 자기 눈앞에 나타난 현실이 지난 생의 업이 나타난 것임을 알게 된다. 그 다음이 선택만 남았다.

수여취행? 그냥 받아들이든지, 조금씩 바꾸든지, 안 하든지로 결정하면 된다. 몸에 싸인이 온다. 그것이 여여하게 취해서 하는 행이다.

여래장품(如来藏品) 7-5

보사(補瀉)를 알면
암도 종양도 체내 결절도 걱정이 없듯이

범행 장자가 여쭈었다. 불가사의합니다. 여래장에 들어간다는 것
은 마치 싹이 열매를 맺은 것과 같아서 들어가는 곳이 없고 줄기와
뿌리의 이로운 힘으로 이득이 생기어 그 근본을 이루는 것이니 근
본적이고 실질적인 진리를 얻으면 그 지혜는 얼마나 됩니까?

부처님께서 말씀하셨다. 그 지혜는 끝이 없으나, 요약해서 말하자
면 그 지혜에는 네 가지가 있느니라. 무엇이 네 가지인가?

첫째는 그침의 지혜(定智)이니 '있는 그대로'를 따르는 '평등성지'이
며,
둘째는 그침이 아닌 흐름의 지혜(不定智)이니 방편으로 내가 있다!
라는 병(病)을 꺾어 부수는 '묘관찰지'이며,
셋째는 열반지(涅槃智)이니, 자기 욕망의 성공 가능성을 계산하기
를 내려놓고, 그 기반이었던 다섯 가지 감각의 착각을 제거하며,

서원과 발원의 방향성을 향하는 '성소작지'이며

넷째는 구경지(究竟智)이니, '대원경지'라고도 하며 입실구족불도 (入實具足佛道) 즉 결과에 집착하지 않고 길을 가는 것을 말하느니 라.

장자여, 이와 같이 네 가지 중요한 작용은 과거의 모든 부처님께서 말씀하신 것으로 이것은 큰 다리이자 커다란 나루터이므로 만일 중 생을 교화하려면 마땅히 그 네 가지 지혜를 사용해야 하느니라.

회상 여래장을 사용하는 법은 비유하면 목 화 토 금 수 오행의 상생 (相生)과 상극(相剋)과 그에 따른 보사(補瀉)작용과 같다. 예를 들어 사람들은 몸에 결절이 있다. 종양이 있다. 암이 있다. 목에 결절이 있다. 등등의 의사의 진찰을 받으면 놀란다. 사실 결론은 하나다 없던 것이 몸에 생겼는데, 수학기호로 표현하면 이렇다.

본래 무아인데 무엇인가 생겼다

1. 당신의 무의식적인 어떤 작용이 있어나 상을 만들었다 – i^1
2. 당신은 무엇인가 불평하다. 소화가 안 되던지 기운이 떨어지던 지 – i^2
3. 병원가야 하나? 한의원가야 하나? 의 망상이 시작된다 – i^3
4. 의사의 한 마디가 떨어진다. 이제 당신은 환자다!– i^4

자, 이제 문제를 풀어보자!

예전에 집에 연탄이나 기름으로 보일러 시설을 갖추어 겨울을 따뜻하게 보내려 할 때, 겨울이 오기 전에 각 방 파이프내의 가스를 제거해주지 않으면 아무리 불을 때도 방은 덥혀지지 않는다. 그 때 공기를 빼주어 물이 흘러나오게 한 후 보일러를 가동하면 방이 따뜻해진다.

우리 신체도 마찬가지다. 혈관은 석회질이라는 덩어리가 끼지만, 12경락에는 기운이 상충되어 공기가 생겨 기운이 통(通)하지 않게 된다. 그러면 통(痛)증이 시작되는 것이다. 즉 아프다는 것, 통은 통하지 않는다는 것이다 (불통) – 이것을 통즉불통(痛卽不通)이라고 한다.

통하지 않는 불통은 왜 생겼을까? 바로 음식의 상극(相剋) 때문이다. 이 상극이 만든 불통의 공기를 빼주면 된다. 예를 들어 밀가루와 찹쌀로 상극이 일어나 기운이 체했을 때는 설탕을 커피숍에서 2개 정도 구해 와서 설탕을 보(補)하여주면, 상극의 공기가 사(瀉)가 된다.

냄새에도 오행이 있다. 누린 냄새, 탄 냄새, 향긋한 냄새, 비린 냄새, 썩은 냄새 등이다.

해산물 즉 비린내 나는 음식으로 몸에 기운이 체했을 때는 복분자를 보하여 막힌 공기를 사해준다.

돼지고기도 잘못 먹으면 탈이 안다. 그런데 돼지고기와 제일 안 맞는 음식은 새우젓이다. 그래서 한국 사람들은 이래저래 기운이 많이 막힌다. 이 경우는 복숭아로 보해서 돼지고기 막힌 기운을 사해준다. 하나만 더하자. 소고기와 상극이 일어나면 그것이 대부분 부추나 상추인데 그 경우는 까마중으로 보해주어 소고기 상극을 사해주는 것이다.

위의 네 가지 지혜도 이렇게 상생, 상극, 상보, 보사의 지혜와 같다. 마지막엔 잘못 알고 있던 자기를 버리는 것이다. 알고 보면 한국 사람이 좋아하는 음식은 대부분 상극음식을 좋아한다. 음식점도 그렇게 준다. 손님들이 맛있어하니까. 어느 점보는 분이 말하지 않았는가? 좋아하는 거 찾아 먹다가 병이 드는 것이다. 보사(補瀉)를 알면 여래(如來)요. 상생 상극만 알면 노장 사상이 된다. 범행 장자가 여쭈었다. 불가사의합니다. 여래장에 들어간다는 것은 마치 싹이 열매를 맺은 것과 같아서 들어가는 곳이 없고 줄기와 뿌리의 이로운 힘으로 이득이 생기어 그 근본을 이루는 것이니 근본적이고 실질적인 진리를 얻으면 그 지혜는 얼마나 됩니까?

부처님께서 말씀하셨다. 그 지혜는 끝이 없으나, 요약해서 말하자면 그 지혜에는 네 가지가 있느니라. 무엇이 네 가지인가?

첫째는 그침의 지혜(定智)이니 '있는 그대로'를 따르는 '평등성지'이
며,

둘째는 그침이 아닌 흐름의 지혜(不定智)이니 방편으로 내가 있다!
라는 병(病)을 꺾어 부수는 '묘관찰지'이며,

셋째는 열반지(涅槃智)이니, 자기 욕망의 성공 가능성을 계산하기
를 내려놓고, 그 기반이었던 다섯 가지 감각의 착각을 제거하며,
서원과 발원의 방향성을 향하는 '성소작지'이며

넷째는 구경지(究竟智)이니, '대원경지'라고도 하며 입실구족불도
(入實具足佛道) 즉 결과에 집착하지 않고 길을 가는 것을 말하느니
라.

장자여, 이와 같이 네 가지 중요한 작용은 과거의 모든 부처님께서
말씀하신 것으로 이것은 큰 다리이자 커다란 나루터이므로 만일 중
생을 교화하려면 마땅히 그 네 가지 지혜를 사용해야 하느니라.

지혜가 먼저다. 그 다음에 정은 저절로 된다. 자비심도 저절로 일어난다.

장자여, 이 지혜를 사용함에 있어서는 다시 세 가지 중대한 지켜야할 바가 있느니라.

첫째는 지혜로 일을 할 것, 정(定)에 머무를 것, 그리고 세상 이치를 모르는 중생들을 위한 '자비심' 세 가지 삼매로 행함에, 내부의 번뇌와 밖의 경계가 서로를 침범하지 않으며,

둘째는 육신을 구성하는 몸 즉 대(大)
마음이 발생하는 의(義)
그리고 상대를 인식하는 과(科)로 일을 진행함에
선택적으로 멸할 식(識)을 멸하고, 영식(靈識)을 오롯이 밝게 해야하느니라.

셋째는 지혜와 흔들림 없는 마음의 정(靜)은 자연스레 대비(大悲)심

256

이 갖추어져야 하느니라. 이와 같은 혜(慧), 정(靜), 비(悲) 그 세 가지가 겸비되어야 상대를 위한 깨달음의 보리를 성취시키느니라.

이 네 가지 지혜를 바탕으로 세 가지 절차로 일을 실행하지 않으면 능히 저 앞서 네 가지 지혜의 바다에 흘러 들어갈 수 없으며, 가지가지의 커다란 마장이 그 유리한 기회를 갖게 되는 것이니라.

장자여, 너희들 대중은 성불(成佛)할 때까지

1. 그 모든 것을 실체를 알고 경계를 대하는 지혜(慧),
2. 심신의 흔들림 없는 안정(靜).
3. 그리고 그들에 대한 무명 중생에 대한 자비심(悲), 그 세 가지 수행을 항상 닦고 익히되 잠시도 놓침이 있어서는 안 되느니라.

회상 절대로 자기 자신에게 무아를 가르치지 않은 상태에서 좌선을 하네! 참선을 하네! 하지 않았으면 좋겠다. 좌선은 화엄 세계에서는 선이 아니다. 물론 필자는 필자에게 무아와 연기를 납득시키는데 무려 21년이나 걸렸다. 스승의 잘못이 아니라. 내가 첫 단추를 잘못 끼운 상태에서 시작했던 것 같다.

그런 면에서 〈대, 의, 과〉의 '대'는 지수화풍으로 구성된 자신의 몸을 말한다.

'의'는 몸 받아 나온 낙처가 사람마다 다르다. 즉 몸 받은 의미가 다르다는 것이다. 자신이 무명인 채로 살아왔던 과거의 길에 답이 있다.

'과'는 내가 담당인 일과 내 담당이 아닌 '일'이 있다. 자기가 할 일은 반드시 자기 앞에 온다. 주제넘게 찾아다닌 필자는 참 어리석은 사람이었다.

여래장품(如來藏品) 7-7

나는 너의 정체를 알고 있다!
『능엄경』의 50 변마장의 정체

묻습니다 > 범행 장자가 여쭈었다. 어떠한 것을 세 가지의 삼매(三昧)라 합니까?

답한다 > 부처님께서 말씀하셨다. 세 가지 삼매란 먼저,

공삼매(空三昧)가 있느니라. 이는 나타난 현상이 인연법체로 나타난 현상자체가 '본래 없는 틀'임을 깨닫는 것을 말하느니라.

또한 무상삼매(無相三昧)가 있느니라. 이는 자신 앞에 반연된 일이나 현상이나 문제가 자신에게 그렇게 보이는 것뿐임을 알아야 하느니라. 그 상(相)을 업(業)이 보면 그 상 그대로이나 여래가 보면 다른 상일 것이기 때문이니라.

마지막으로 무작삼매(無作三昧)가 있느니라. 이는 다른 말로 무원삼

매(無願三昧)라고도 하느니라. 구하고 바라는 내가 있다면 그렇게 보이는 것이 있지만, 구하고 바라는 것이 없다면 보이는 것이 진여가 되느니라. 세 가지 삼매는 그와 같은 삼매이니라.

회상 『능엄경』에는 수행 도중에 나타나는 50가지 변종 바이러스 같은 변종 마장(五十辨魔障)이 있지만 결국은 한 놈이다. 그 중 가장 번식력이 강한 마장이 생각이 미혹해서 생기는 마장이다. 몸에 대한 신상 미혹, 경계에 대한 경계 미혹, 그리고 자신이 생각에 실체를 부여한 생각 미혹 중에 생각 미혹의 마왕의 힘이 가장 세다.

사람은 생각한다. 개도 새도 야생동물도 그렇고 가축으로 키우는 사람들이 좋아하는 해산물 등의 어류, 곤충도 그렇다. 그들도 그들 나름대로 생각을 하고, 생각대로 움직인다. 그래서 존재하는 것이 맞다.

공삼매는 자신의 생각이 자신의 경험과 감정으로 생태계를 이루어 그 전자가장의 결합으로 이루어진 것이라는 것을 알고 자신의 생각을 내려놓을 줄 아는 지혜의 삼매이다

무상삼매는 자신 앞에 반연된 모든 일과 경계가 음양을 이루지 못하여 소멸되지 않은 업이 소멸될 기회를 찾아 자신의 법이 생(生)하게 하고 자신이 멸하게 하기위해 나타난 업의 그림자임을 알아야

한다. 상에 매이면 또 다른 업이 생긴다. 상이 상이 아님을 알아야
한다. 그것이 무상삼매이다.

무원삼매, 무작삼매는 태어남의 일대사 인연을 알았을 때 자기 앞
에 반연되는 일에 대한 삼매다! 따라가면 되고, 그냥 하면 된다. 단
자신의 마음이 사심인지 여래심인지는 자신만이 안다.

동안거와 하안거

묻습니다 > 범행 장자가 여쭈었다. 앞에서 말씀하신 바에 의하면, 선정에 든 후 출세간 지혜가 드러나려면 반드시 식(識)이 밝아져야 한다고 하셨습니다. 식이 밝게 드러나려면 영식이 오롯해야 한다고 하셨는데, 지혜가 드러나기 이전에 반드시 다루어야 할 대(大), 의(義), 과(科)란 무엇을 말하심입니까?

답한다 > 부처님께서 말씀하셨다.

'대'는 나의 지수화풍 4대(大) 즉 우리 몸을 위시한 만물의 중요성을 아는 것을 말하며,

'의'는 그 모든 존재들이 나 아닌 남이라고 인식하는 인식대상인 몸과 마음 즉 색, 수, 상, 행, 식의 오음(五陰)이 만들어내는 현상과 경계 그리고 세상의 일의 의미를 아는 것이다.

'과'는 발생되는 근본 식(本識)을 말함이니, 이 근본 식은 본식, 혹은 영식(靈識)이라고 하느니라. 영식(靈識)을 오롯이 밝게 해야 하느니라.

회상 남에게 부처님의 『금강삼매경』을 전하려니 자랑스럽지 않은 나를 설명해야 하는 번거로움이 있다. 필자는 경제적으로 그렇게 어렵지 않은 가정환경에서 성장했다. 그럼에도 불구하고, 슬쩍 슬쩍 거짓말을 해서 용돈도 타내고, 돈을 소위 삥땅도 많이 했다. 간혹 친구 집에 가서 친구 형 책상위에 있던 동전을 훔친 기억도 난다. 그런데 필자는 다른 사람 것을 부러워하거나, 욕심내거나 시기하는 마음은 거의 없었던 것으로 기억하는데 그때 왜 그랬을까?

용기가 없어서이다! 그런데 왜 용기가 없었을까? 필요 없는 것을 구하고 갖기 위해서였다. 어머니는 내가 필요한 것이라면 머리를 잘라 팔아서라도 돈을 주셨을 것이다. 그런데 나는 내가 필요한 것을 필요하다고 하면 엄마에게 거절당할 것이 뻔해 그런 행동을 했던 것이라 기억이 된다. 지금은 이렇게 생각한다. 우리 부모는 현명한 분들이 아니었다. 자녀가 필요하다는 것은 무엇이든지 해 줄 필요가 있다. 그래야 자기 자녀의 인생의 결을 볼 수가 있다. 부모가 봐서 필요한 것이 아니라. 부모가 보기에 필요 없는 것을 자기 아이의 몸이 무의식적으로 구하는 것의 시작과 과정을 관찰할 필요가 있다. 이것이 지수화풍 4대의 대(大)를 아는 첫 걸음이다.

그리고 필자는 고등학교 2학년까지는 문과였다가, 고 3때는 이과로 바꾸었다. 당연히 수학 물리 화학 등이 부담이 되었을 텐데 왜 그랬는지 지금도 사실 잘 모르겠다. 덕분에 성적은 안 좋았다. 취직도 이상하게 외국인 회사 경리부에 취직하게 되었다. 그리고 또 이상하게 증권회사에 취직했다. 증권회사는 나라에서 허가한 도박판이다. 필자는 도박을 좋아하지 않는다. 잘하지 못하기 때문이다. 결국 적성에 안 맞는 일을 하다가보니 일이 막히고, 막힌 일을 해결하려니 종교에 귀의하게 되고 그것이 불교였다. 그리고는 증권회사에서 10억 이상 고객 관리하던 일이 아니라 10만원 고객들과 지내는 일을 하기를 12년이다. 이제는 나의 삶이 왜 그렇게 떠밀리며 그런 일을 해왔던지 이해가 된다. 약 3년 전부터 코인을 공부한 후 헬륨코인이라는 것과 파이코인을 했는데 나의 인생의 행로에서 반드시 필요한 일을 한 것이어서 참 여래장이라는 것이 정확하구나! 라는 생각도 했다. 그것이 의(義)다. 자기의 삶의 방향성을 정할 수 있다.

마지막으로 불(佛) 지혜를 갖기 전에 반드시 알아야할 것이 과(科)라는 것이다. 과라는 것은 자신이 담당할 영역과 자신의 영역이 아닌 영역을 분별하는 지혜를 말한다. 예를 들어 나중에 글이나 펜으로 먹고 살 아이는 절대로 운동선수가 될 강인한 몸을 갖고 태어나지는 않는다. 설사 태권도 도장 같은데 다니기도 하지만 스스로 그만두게 된다. 자기 과(科)가 아니기 때문이다. 이런 것을 모를 때, 남들이 주식이나 코인 투자 부동산 투자한다고 자신도 따라하면 반드시 끝에 가서는 망한다. 강아지가 호랑이 밥그릇에 주둥이를 내밀면 물려죽기도 하지만, 호랑이가 개 밥그릇에 주둥이 잘못 디밀었다가 먹지도 못하고 주둥이 다 뜯기는 경우도 있다. 자기 과가 있다. 이것을 위하여 필자도 선지식 많이 찾아다녔지만 100% 깨달은 분들은 만나지 못해서 필자 스스로 해결했다. 이것이 대, 의, 과이며, 이것을 먼저 스스로 알고 지혜의 수행을 해야 한다. 이것을 '아는' 공부가 동안거이고, 그 동안거 문제를 '해결'하는 공부가 하안거라는 것을 알게 된 것을 요즘 너무 감사드리고 있다. 부처님께…

여래장품(如來藏品) 7-9

분별이 없어지면…
이 '약견제상비상' 이었다

범행 장자가 여쭈었다. 불가사의합니다. 이와 같은 출세간법의 지혜가 이루는 공덕장의 작용(功用)은 스스로도 이롭고 남도 이롭게 하여 삼계의 경지를 넘어가며, 열반에 머물지 않고, 보살도로 들어갑니다. 이와 같은 출세간법의 나로 세간을 살아가게 하는 부처님 법의 가르침의 모습도 말로 표현되는 생멸법이어서, 분별이 따르기는 하지만 만일 분별하고 있는 자신을 보고 분별을 떠나게 되면 부처님께서 전해주신 이 출세간의 법은 마땅히 소멸되지 않을 것입니다.

그 때 여래께서는 이 뜻을 펴시고자 게송으로 말씀하셨다.

분별따라 생기는법 분별따라 없어지니
가지가지 분별하는 그법모두 멸해지면
나고지는 생멸법은 있는것이 아니었네.

범행 장자 오도송

그 때 범행 장자는 부처님께서 게송을 설하시는 것을 듣고 마음으로 크게 기뻐하며 그 뜻을 펴고자 게송으로 답하였다.

모든법은 본래적멸 적멸에서 생한것이
생했다고 할수있나 나고지는 생멸의법
생했다가 멸해지는 허망지법 생김없는
부처님의 출세간법 무생법은 아니리라
불생불멸 출세간법 생멸법과 관련없네.

없어짐과 항상함이 공존하기 때문이며
단멸상존 두가지를 떠나서도 있지않고
또한어느 하나에도 머무름에 있지않네.
만일법에 어느하나 있다라고 말한다면
생각으로 생긴그상 눈병환자 없는문양

눈앞에서 휘날리는 모륜이나 비문처럼
없는것을 있다하네.

아지랑이 물로착각 제아무리 따라간들
결국에는 허망해서 끝에가면 물이없듯.
내가말한 출세간법 이법또한 마찬가지
아무것도 없다하면 진여세계 이법마저
전혀없는 허공처럼 맹인들이 말하듯이
그들눈에 안보이는 해와달이 있다는것
그들만은 못믿듯이 불생불멸 진실된법
무명중생 입을모아 없는데도 있다하는
거북의털 같다하네.

제가이제 부처님의 진실말씀 듣고나니
부처님이 알려주신 출세간법 이법에는
있다없다 두견해가 있을수가 없는것을
이제서야 깨닫겠네 또한중간 의지해서
머물지도 않는이법 머무름이 없음따라
뜻을취해 알뿐일세.

여래께서 말씀하신 진실된법 시작된곳
알고나니 머무름이 없는곳서 온것이니

저희들도 이제모두 머무름이 없는곳서
마음생겨 법생기는 장소아닌 장소에서
여래에게 진심예배 올리고자 하옵니다.
여래에게 우리모두 경건하게 예배함은
여래지혜 허공같은 부동지에 계시기에
없는처소 집착없이 부처님의 머묾없는
법신여래 부처님께 예올리니 받으소서
이제저는 어디서나 항상모든 여래뵈니
오직하나 원하오니 모든여래 제불부처
저희들께 영원한법 눈과귀에 심어지게
설법하여 주옵소서.

여래장품(如來藏品) 7–11

조상제사와 돈 버는 법

그 때 부처님께서 이렇게 말씀하셨다. 모든 선남자들이여, 너희들은 자세히 들어라. 너희들을 위하여 출세간의 영원한 법을 말하리라.

선남자여, '영원한 법'이란 '영원한 법'이 아니니라. 내가 말하는 영원한 법은 말도 아니고 글자도 아니며, 허망하지 않은 진리라는 의미의 재(諦)도 아니고 해탈도 아니며, 없는 것도 아니고, 경계도 아니니라. 모든 망령됨과 아무것도 다 없다는~ 단멸의 경계를 떠난 것이면 무상한 것이 아니라 일체의 상(相)과 단견(斷見)을 떠난 것이니라. 깨달아 알고 보게 되면, 영식(靈識)이라고 하는 신령스럽고 묘한 이 식(識)은 항상 변함이 없어 이 영식(靈識)은 항상 적멸하며, 적멸하다는 것 또한 적멸하느니라.

선남자여, '법'이 무엇인가? '법'은 일체 중생의 실제가 있다는 모든 현상이 모두 방편이고 그 방편을 지렛대로 중생들을 깨달음의 길로 인도하고자 하는 '법'을 말함이 아니던가?

'나의 법'마저도 적멸함을 아는 자는 마음을 적멸하게 하려고 하지 아니하니 이미 마음은 본래 항상 적멸하기 때문이니라.

적멸을 얻는 자는 마음이 항상 참되게 그 마음을 관찰할 수 있느니라. 모든 명과 색(名色)이 오직 이 어리석은 마음일 뿐임을 알아서 어리석은 마음의 분별로 모든 법을 분별하며 중생들이 살고 있기에 그 명과 색에서 벗어나는 일 말고는 어떤 다른 요란스럽게 수행할 일이 없는 법이니라.

'법'이 이와 같음을 알고 나면 문자와 말에 따라가지 않으며, 착각된 나로서의 아는 마음과, 그것에 근거해 대상을 인식하는 마음이 '나'를 분별하지 않고 '나'라는 것이 임시로 붙여진 거짓이름임을 알게 되면 바로 '적멸'을 얻을 것이니, 만일 적멸을 얻으면 즉각 '아녹다라삼먁삼보리'를 얻으리라.

회상 우리는 제사를 모신다. 제사를 지낼 때, 조상신은 오시는가? 안 오시는가? 그리고 언제 오셔서 언제 가시는가? 답을 말씀드리면, 조상님이 오신다고 믿는 사람이 제사를 모시면 오신다. 에이~ 오시긴 뭐가 와? 하는 사람에겐 안 오신다. 이것이 심생법생(心生法

生)의 이치다. 마음이 생겨나면 그 법도 따라 생긴다.

지금 부처님께서 말씀하시는 출세간의 영원한 법이 작동하려면, 우리는 사심 없는 우리의 마음이 생겨야 한다. 사심 없는 마음은 나 아닌 다른 중생들의 마음을 헤아릴 줄 아는 마음이다. 그 이유를 밝힌다.

이 출세간의 영원한 법이 작동되어 업의 그물이 아닌 여래의 그물이 새로 만들어지려면 여래장을 알아야 한다. 여래장은 비유하자면 전자기장과 유사한 양상인데, 전기와 자기가 필요하다. 깨닫지 못한 중생들의 자석은 욕망의 자석과 같다. 욕망의 전기장은 욕망의 자기장을 형성한다. 동기감응하기 때문이다. 물론 전자기장과 여래장이 같은 것은 아니다. 여래장(如來藏)은 여래장(場)에서 일으킨 한 생각 즉 여래의 씨앗 (i^0) 에서 $(0^0\ 0^1\ 0^2\ 0^3\ 0^4\ 0^5\ 0^6\ 0^7\ 0^8\ 0^9\ 0^{10})$ 이 꽃피게 할 무념, 무상의 씨앗이다.

반면에 자석이 발심과 사홍서원과 같은 다른 중생들을 위한 것이라면 당연히 동기감응으로 결이 다른 자기장이 형성된다. 이때 형성되는 전자기장이 여래장이다.

여래장에 관해서 그나마 가장 자세히 설해주는 경전은『승만경』이다.『승만경』에서 승만 부인은 새색시다. 시집 간지 얼마 되지 않아

친정아버지가 부처님의 법을 처음 듣고 너무나 감동스러워서 시집 간 승만 부인에게 편지를 보낸다. 자신의 딸이 결혼 전부터 총명한 아이라는 것을 알고 있었기 때문일 것이다. 승만 새색시는 친정아 버지의 편지를 받자마자 부처님이라는 분의 가르침이 진실임을 알 아챈다. 그리고는 부처님 뵙고 싶은 마음을 낸다. 마음이 생기는 심생(心生)이 격발이 된 것이다. 그렇게 마음이 생하자마자 부처님 은 승만 부인 앞에 나타나신다. 부처님의 화신이 즉각 나타난 것이 다. 바램이 이루어진 것이다. 법이 생한 것이다. 법생(法生)이다.

그리고는 부처님의 질문에 척척 답을 한다. 부처님은 승만 부인을 오랫동안 가르쳐왔음을 밝힌다. 처음 만났는데 오랫동안 가르쳐왔 다! 라는 것이 이상하게 느껴진다면 여래장의 본질을 아직 모르는 것이다. 승만 부인은 부처님께 자신의 출생과 현재 처지에 근거해 서 금생에 받은 몸을 가지고 행할 10가지 서원을 밝힌다. 그 중 다 섯 가지 서원을 보면 이렇다.

"첫째, 세존이시여, 저는 오늘부터 깨달음에 이를 때까지, 받아 지 닌 계율에 대하여 범하고자 하는 마음을 일으키지 않겠습니다.
둘째, 세존이시여, 저는 오늘부터 깨달음에 이를 때까지, 모든 어 른들에 대하여 오만한 마음을 일으키지 않겠습니다.
셋째, 세존이시여, 저는 오늘부터 깨달음에 이를 때까지, 모든 중 생에 대하여 화내는 마음을 일으키지 않겠습니다.

넷째, 세존이시여, 저는 오늘부터 깨달음에 이를 때까지, 다른 사람의 신체 및 소유물에 대하여 질투하는 마음을 일으키지 않겠습니다.

다섯째, 세존이시여, 저는 오늘부터 깨달음에 이를 때까지, 자신을 위해서 재물을 쌓아 두지 않으며 전부 가난한 중생들을 성숙시키는 데 쓰겠습니다.

계율과 시집 부모님 조상들과, 자신의 마음과 다른 사람의 재물과 돈을 버는 이유가 다 나와 있다. 만약에 재물이나 명예나 권력이 자기가 필요하다면, 저 중에 제일 우리가 배워야 할 것이 두 번째다. '화'는 모든 조상들과 보살들의 당신을 돕고자 하는 마음마저 태워 버린다. 『화엄경』「보현행원품」 첫 머리에 나오는 명백한 진리다.

범행 장자 오도송 2

그 때 장자 범행은 이 말씀을 듣고 게송으로 말하였다.

이름과상 분별함과 세간의법 셋과함께
근본대로 의미가진 진진여여 묘한지혜
모두다섯 되옵니다.

저는이제 이름과상 일의분별 세상의법
이름에도 묻히우고 상에또한 묻히지만
분별함이 있는지혜 비록그셋 함께해도
내마음이 싫어하면 단견으로 끊어내며
없다하는 단견견해 또한다시 끊어내리

내마음이 좋아하면 영원하길 바라면서
있다하는 상견견해 단견상견 두가지에

넝쿨처럼 얽매여서 나고죽음 생멸의길
들어와서 살았으니 흉한일은 단견이요
길한일은 상견으로 무상임을 알면서도
무명세상 살아온나 지금이제 보나이다
그러하나 오늘에야 여래께서 설하신법
공의도리 알고나니 오늘에야 단견상견
내가있다 내가없다 법이있다 법이없다
어리석은 그마음을 모두모두 여윕니다.

인연또한 자체성이 있는것이 아니기에
생하는것 아니오며 멸함또한 없습니다.
인연에만 집착하여 있다고만 하는것은
마치허공 하늘에서 꽃을따려 했음같아
아기가짐 불가여인 아기갖길 바랬듯이
필경에는 못얻는것 얻으려고 하였네요.

모든인연 얻어가짐 끊임없이 바랬건만
이제그만 그바람을 모두모두 내려놓고
또한다른 멸하는것 따라가지 않습니다.
또하나의 몸과마음 오온뭉침 바로알고
육근경계 육식취함 십이처와 십팔경계
지수화풍 사대에도 따라가지 않겠으며

276

여여함에 의지해서 필히실상 얻으리라

이러므로 진여속에 묘한 지혜 정묘지법
언제라도 자재하고, 어디서나 여여해서
일체중생 모든법이 여여하지 못한채로
자신의식 변화해서 자기앞에 반연된 것
그들또한 알게하여 무명에서 생긴식을
모두모두 여의게해 모든법에 공함알고
저도또한 공한자리 저자신께 말합니다.
공한곳서 말하오니 일어나고 사라지는
모든생멸 법을멸해 열반세상 머물기를
간절하게 바라지만 법계진실 알리없는
일체중생 그들보면 솟아나는 슬픔으로
저만홀로 열반속에 머물수가 없으므로
저는이제 그들위해 열반또한 내려놓고
공도리도 떠나보내 중생제도 하오리다

우리부처 여래께서 우리모두 깨우치려
주체인나 객체인너 내가그것 한다하며
있다없다 넘어서서 우보익생 만허공속
중생수기 득이익의 여래장에 들어서서
심생법생 새로운법 들어가게 하십니다.

그 때에 대중들이 이 뜻에 대한 설명을 듣고 모두 몸을 받아 태어남
의 바른 천명을 얻어 여래의 여래장의 바다에 들어갔다.

Part 6

금강삼매경의 효용

믿어서 생긴 이익도 안 믿어서 생긴 손해도 당신 것

✽ 지장 보살품 (地藏菩薩品)

길을 묻는 조상님들과 영혼신들과 일체중생에게

지장 보살(地藏菩薩) 8-1

『금강삼매경』의 호법보살 지장 보살

그 때 지장(地藏)보살이 대중 가운데서 일어나 부처님 앞으로 나와 합장하고 꿇어앉아 부처님께 여쭈었다. 세존이시여, 제가 대중을 관찰하여 보니 마음에 의심가는 바가 있어서 아직 확실한 결단을 내리지 못한 듯합니다. 이제 여래께서는 그 의심을 제거하여 주시면, 저는 이제 대중을 위하여 중생들이 의심을 갖고 있는 바를 묻고자 합니다. 원하건대 부처님께서는 자비로 불쌍히 여겨 허락하여 주십시오.

부처님께서 말씀하셨다. 보살마하살이여, 그대가 이와 같이 중생을 제도하는 것은 법계의 이치를 모르는 어리석고 욕심 많은 중생들에 대하여 진실을 아는 그대가 큰 슬픔과 불쌍한 마음을 갖고 있기 때문이니라. 보살의 그 마음은 헤아려 생각하기가 어려운 일이니라. 그대는 마땅히 널리 물어라. 내 그대를 위하여 설명 하리라.

회상 『금강삼매경』을 소의경전으로 삼았던 삼계종 혹은 삼계교는 서기 570년경 중국 수나라 시절에 창종 되어, 폭풍적인 불교혁신의 선봉이었다. 불교 최초로 사회사업을 하였으며, 오늘 날의 일반 시민용 금융기관인 상호신용금고와 같은 적극적 중생구제 사업을 운용하였다. 그 후 약 400여 년간 신라와 고려의 민중들의 사랑 속에 번창하던 삼계종은 고려 광종이 균여 대사를 거의 타살함으로 이 위대한 실천적 화엄사상은 역사에서 사라지게 되었다. 삼계종을 창종한 신행스님은 지장 보살을 호법 보살로 모셨다. 사람과 죽음을 하나로 보고 일체 중생을 구원하시려는 서원을 세우신 지장 보살의 광대한 원력을 세간에서 실행하려 하신 것이다. 이 삼계종에 결정적 근거를 마련해주신 분이 원효 스님이시다. 원효 스님의 『금강삼매경론』이 출간되어 당나라에 전해지자 삼계종은 신행 스님이 열반하신 후에도 계속 번창할 수 있었다고 볼 수 있다. 동국대학교 화엄학 박사인 석길암 교수는 『금강삼매경』의 호법 보살이 지장 보살임을 근거로 그런 논문을 내기도 했다.

지장 보살(地藏菩薩) 8-2

인연의 '연'은 실체가 없는데
어떻게 생기나요?

지장 보살이 여쭈었다. 일체의 모든 존재법이 어찌하여 '연'으로 인하여 생기하는 것이 아니라 하십니까?

그 때 여래께서는 이 뜻을 펴시려고 게송으로 말씀하셨다.

만일법이 연을인해 생기되는 것이라면
연없으면 법도없다 그소리가 될것이니
자성없는 법이어찌 자성없는 무명에서
업을따라 연을통해 생긴다고 할것인가

81

지장 보살(地藏菩薩) 8-3

업의 매트릭스와
여래의 메트릭스의 차이는요?

그 때 지장 보살이 여쭈었다. 만일 우리가 그렇다고 알고 있는, 그리고 분명히 우리 눈앞의 현실로 존재하는 법이 고정된 속성이 없이 허깨비처럼 '생함이 없는 것'이라면 여래께서 설하시는 법은 어찌 가능한 일이며. 이법은 왜 또 마음을 따라서 일어난다고 말씀하십니까?

이에 세존께서 게송으로 말씀하셨다.

세간세상 중생들의 마음속의 모든 법은
내가있고 경계있어 대립에서 일어나네
주어능과 목적소가 서로서로 넝쿨처럼
들러붙음 취착하니 마치취객 술취한눈
어디에도 난적없는 허공꽃이 있다하며
분명있다 함과같네.

그러하나 나의법은 중생법과 전혀다른
능소모두 떠나있는 출세간의 법이라네

회상 계송에는 깊은 뜻이 함축되어 있으므로 사족을 달지 않고 독
자님들의 혜안이 열리기를 기대하며 쓸데없는 사설을 삼갔다. 그
동안 공부했지만 중생마음도 도솔천에서 하강하신 석가세존의 마
음도 (0과 1)이다. 그러나 중생들은 색의 (1)만을 취하고, 부처는
사물을 대하나 사물에 물들지 않는 (1과 0)의 마음으로 관점을 삼
는다. (0 이 만든 메트릭스)에 무엇을 만들건 그것은 (0)이다.

지장 보살(地藏菩薩) 8-4

두 자석이 없으면 전자기장도 없다

그 때 지장 보살이 여쭈었다.

법이 만일 이와 같다면 법은 곧 어떤 것에 의지해서 일어나는 타인이나 다른 것에 의지해서 일어나는 성품이 없이, 상대가 없이 스스로 발생하는 것이라는 말씀이니, 상대가 없는 법이라면 마땅히 자발(自發)로 이루어진 것이라 생각되옵니다.

이에 세존께서 게송으로 말씀하셨다.

양극자석 자성없고 음극자석 자성없네
둘의자성 없음에도 나타나는 전자기장
있는듯이 보이지만 그것또한 없음이네
그와같이 나의법도 없음에도 작용있어
있다없다 모두떠난 그자리서 작용하네
내가말한 나의법도 생겨났다 없어졌다

어디에도 머묾없이 작용만이 이어지네

그 때 지장 보살이 여쭈었다.
일체 모든 법의 상(相)은 그 자체로 본래 열반이며, 열반과 공한 상
도 또한 이와 같다고 하시니, 부처님의 모든 법도 그 자체가 원래
없는 것일지니 부처님의 지금 이 법도 당연히 '여여(如如)한 것'이겠
습니다.

부처님께서 말씀하셨다. 그러하니라. 나의 이러한 법도 없는 것이
니 이 법은 '여여(如如)한 것'이니라.

89

지장 보살(地藏菩薩) 8-5

눈에 안보여도 작용은 있다

그때 지장 보살이 여쭈었다. 일체 모든 법의 상(相)은 그 자체가 본래의 성(性)과 질(質)은 열반(涅槃)이며, 그러한 연고로 열반도 공한 상(相)도 또한 본래 없는 것이 나툰 것과 같다고 하시니, 부처님의 세상에 내어 놓으시는 모든 법도 그 자체는 원래 없는 것일지니 부처님의 지금 이 법도 당연히 '여여(如如)한 것'이겠습니다.

부처님께서 말씀하셨다. 그러하니라, 그러하니라. 나의 이러한 법도 없는 것이지만 이 법은 '여여(如如)한 것'이니라.

다시 지장 보살이 여쭈었다. 불가사의합니다. 이와 같은 여여(如如)함의 상(相)은 연생연멸하는 모든 존재의 실상이 그러하듯이 그 어느 것과도 함께 하는 것도, 함께 하지 않는 것도 아님을 알겠나이다. 그러므로 중생이 일으키는 모든 생각, 의도가 뜻으로 취득하는 것이나, 업으로 취득하는 것이나 모두 그 본래의 성(性)과 질(質)은 공적하나니, 공적한 마음의 법도 이것으로도 저것으로도 함께 취득할 수 없는 것이므로 역시 마땅히 적멸한 것이라고 생각되어집니다.

그 때 세존께서 게송으로 말씀하셨다.

일체모든 제법상은 공공적적 법이지만
나의법도 그러하여 공임또한 분명하다
그럼에도 불구하고 모든이의 적멸보궁
적멸한것 분명하나 공한것은 아니니라.
그와같이 너의마음 공임에도 불공이며
진공묘유 묘한작용 네마음에 있음알면
공공하며 적한마음 다른곳에 없음알아
갖고있는 네마음이 묘한작용 하는것을
증득하게 되느니라.

90

지장 보살(地藏菩薩) 8-6

적멸보궁은 법이 생기기 이전이다

그 때 지장 보살이 여쭈었다. 부처님의 세간법을 총괄하는 출세간
법의 가르침의 법! 이 법은 공상(空相), 공공(空空), 소공(所空)의 절
대 변할 수 없는 진실과는 다른 것 같습니다. 부처님께서는 색(色)
도 공(空)하고, 심(心)도 공(空)하여 결국에는 모두 멸(滅)하여 소멸하
는 것이라 하셨는데 그러한 모든 법이 본래 소멸할 때는 부처님의
이 법도 마땅히 소멸되어 적멸해지는 것입니까?

이에 세존께서 게송으로 말씀하셨다.

법은본래 자성없어 다른것에 의지하고
대상으로 말미암아 연생연멸 생겨난것
이와같은 연생연멸 불생불멸 아니나니
자성없는 존재실상 색도없고 공도없네.

회상 게송에 답이 있지만 노파심에 뱀의 다리를 단다. 부모 미생전 본래 면목 자리에서 나는 무엇이었을까? 답한다. 법이 시작되지도 않았고 법이 소멸하지도 않았기에 적멸의 보궁에 있을 뿐이다.

전생의 아라한들 과학자로 환생해서

그 때 지장 보살이 여쭈었다. 일체 모든 법이 생김도 없고 소멸함도 없다면 마치 숫자 (1)처럼 변함없는 하나일 것인데 어찌하여 하나가 아니라 합니까?

이에 세존께서 게송으로 말씀하셨다.

법은본래 머묾없는 무주(無住)가 근본이라
머물지도 아니하고 머물곳도 따로없네
모든형상 또한없고 모든우주 많고많은
수많은수 그수들도 존재실상 공이지만
눈어두운 중생들이 이름짓고 해설함은
공을쪼개 분석해서 공의뿌리 알려하는
전생나한 환생하여 하는일과 같은걸세
모든실상 본래없는 누둔모두 뜨게되면

제법실상 본래적공 증험함이 있겠지만
아라한들 습성으로 능과소의 집착으로
내가있고 대상있어 분별하고 나눈다네.

지장 보살(地藏菩薩) 8-8

부모미생전 개화천지미분전

그 때 지장 보살이 여쭈었다. 일체 모든 능(能)과 소(所)의 인연의 행이 작동되는 법의 모습은 차안(此岸)에도 피안(彼岸)에도 머물지 않으며, 또한 중간의 흐름에도 머물지 않습니다. 마음과 우리의 인식함도 이러하다면 어찌하여 가지가지의 경계가 중생들의 식(識)을 따라 생긴 것이라 할 수 있습니까?

또 만일 식(識)이 경계를 일어나게 하고 식(識) 또한 경계를 따라서 일어나는 것이라면 어찌하여 생함이 없는 식이 경계를 생(生)하게도 하고, 또 경계로부터 생(生)하기도 하는, 능생(能生)도 되고 소생(所生)도 되는 것입니까?

답한다 > 이에 세존께서 게송으로 말씀하셨다.

소생되고 능생되는 무명의행 이는모두

능과소의 연이니라 무시이래 본래부터
능도소도 각각모두 자성조차 없음에도
허공의꽃 환상에게 사로잡혀 있을따름
식의생김 없을때는 경계또한 없을때며
경계조차 없어지면 식도역시 적멸해져
있지않는 상태니라 그것들의 본래정체
둘다모두 없는것들 또한다시 능소모두
있다거나 없다거나 할수없는 상태니라.
아직미생 생하기전 어떤식도 생하기 전
아직미생 상태에는 역시없다 할뿐인데
어찌경계 무엇따라 생할수가 있겠는가?

지장 보살(地藏菩薩) 8-9

몸이 열리면 여실지법하게 살 수 있다

그 때 지장 보살이 말하였다. '법'의 모습은 이와 같아서 안과 밖이 함께 공(空)하여 '보이는 경계'와 '보는 인식' 두 가지의 '쌓이고 쌓인 인식의 총체'도 본래 적멸한 것이옵니다. 그러나 여래께서 말씀하신 방법의 실상(實相)또한 진실로 공한 것이니, 이와 같은 부처님의 법은 어떤 것을 모아서 만든 것이 아니겠습니다.

부처님께서 말씀하셨다. 그러하니라. 나의 법은 진실 된 법이니라. 즉 나의 '여실지법'은 물질도 아니고 머무름도 없으며, 모여지는 대상도 아니고 모으는 주체도 아니니라.

또한 오온의 마음이 일으킨 뜻이나 의미 있음도 아니고 모든 물질의 대명사인 몸도 흙, 물, 불, 공기, 물질을 구성하는 4대(大)원소가 일으킨 법도 아니니라. 나의 여실지법은 하나의 마음 그 일심 근본의 깨달음의 식(識)법이며 또한 깊은 공덕(功德)이 '쌓이고 쌓인 인식의 총체'이니라.

회상 인간은 생각의 힘이 있다. 그 대신 몸이 닫혔다. 아래 과학기사를 보고 생각은 무심이며 몸이 열린 철새들의 고향 찾아가는 방법을 보자.

철새들은 어떻게 이동경로를 찾아갈까?
조류 관찰자들은 이동하는 철새들이 경로를 이탈해 땅에 착륙했다다시 정상 범위를 벗어난 방향으로 날아갈 때 매우 놀라워한다. 철새들에게 이런 일은 매우 드물게 일어나기 때문이다. 이전에 이동을 경험한 대부분의 새들은 경로에서 벗어난 변위를 수정해 최종목적지를 찾아갈 수 있다. 철새들에게 이런 일은 어떻게 가능할까?

영국 뱅고르(Bangor)대와 킬(keele)대 연구팀은 처음으로 경로를 벗어난 철새들이 어떻게 이동경로로 다시 복귀할 수 있는지를 새롭게 통찰해 생물학 저널 '커런트 바이올로지(Current Biology)' 12일자에 발표했다.

연구팀은 이 연구에서 유럽과 아프리카, 중동지역을 이동하는 개개비(reed warblers)들이 정상적인 이동경로를 넘어 '자기 포지션(magnetic position)'으로 비행하며 올바른 경로를 찾아가는 방법을 기술했다.

포획한 철새들에게 지자기장 시뮬레이션 실험을 한 결과 지구상의 여러 다른 지역들은 위치에 따라 뚜렷하게 구분되는 '지자기적 특성(geomagnetic signature)'을 가지고 있다.

이 특성은 지자기장의 강도와, 자기장 선과 수평선 사이의 자기 편각(magnetic declination) 혹은 경사각, 그리고 지리학적 방향과 자기적 북극 간의 자기 편각 등의 조합으로 나타난다. 연구팀은 실험을 위해 이동경로와 일반적인 지자기 특성에 익숙한 성체 새들을 단기간 포획한 상태에서, 일반적인 이동경로를 넘어선 수천 마일 떨어진 곳에 있는 것과 같은 지자기 특성 시뮬레이션에 노출시켰다.

그러자 새들은 물리적으로 포획된 위치에 그대로 있고, 실제 위치에서의 별빛이나 풍경, 냄새 및 소리 등 다른 모든 감각적인 단서들을 경험하고 있음에도 불구하고 자신들이 마치 시뮬레이션으로 유도된 지자기적 특성을 지닌 위치에 실제로 있는 것처럼 다른 곳으로 이동을 시작하려는 충동을 보여주었다. 즉, 자신들이 체험하고 있는 지자기 신호로 있는 위치를 상정하고, 이곳에서 자신들의 이동경로 방향으로 되돌아가려는 움직임을 보여주었다.

지자기장이 이동 안내하는 핵심 요소

이는 개개비들이 이동경로를 이탈해서 날아갈 때 지자기장(earth's magnetic field)이 이들을 안내하는 핵심 요소임을 나타내준다. 논문 시니어 저자인 뱅고르대 자연과학부 리처드 홀랜드(Richard Holland) 교수는 "가장 중요한 충동은 새들이 받은 자기 정보(magnetic information)에 반응하는 것이었다"고 밝혔다. 홀랜드 교수는 "이번 연구에서 보여주는 것은 새들이 1년 내내 자신들에게 익숙한 자기장의 경계를 벗어나 있다는 것을 감지할 수 있으며, 또 감지되는 지자기 특성으로부터 자신들의 현재 위치를 추정할(extrapolate) 수 있다는 점"이라고 설명했다.

－커런트 바이올로지(Current Biology)에서 －

"다른 철새들에게도 적용 가능할 것"

출처 ▷
김병희 객원기자
hanbit(7)@gmail.com
저작권자 2021.02.15 ⓒ ScienceTimes

지장 보살(地藏菩薩) 8–10

왜 지장 보살은
이렇게 자세히 묻고 또 물을까? - 1

지장 보살이 여쭈었다. 불가사의하고 생각으로는 취할 수 없는 '앎
의 총체'입니다.

1. 유전자에 중독된 내가 있다는 착각의 말나식인 7식과
2. 눈, 귀, 코, 혀, 몸의 육신이 포착하는 5식은 일어나지 않고
3. 세세생생 업의 종자인 8식과
4. 통상적인 의식인 제 6식은 적멸하고
5. 청정무구한 백장식, 암마라식의 제 9식의 상(相)은 공하여 없을
   것입니다.

'있다함'도 공(空)하여 있을 수 없고, '없다함'도 공하여 있을 수 없으
니 세존께서 말씀하신 대로 법의 뜻이 모두 공(空)합니다. 그렇게
반야의 지혜로 제법의 실상을 알아 공(空)에 들어갔으나 행함이 없
어서 가지가지의 업이 사라진 것은 아니지만 '내가 있다'와 '내가 있

는 곳'의 주체와 내 몸과 마음이라는 객체의 몸에 집착하는 신견(身見)이 없어서 안과 밖의 번뇌가 모두 고요해졌으므로 여러 가지 구하고 바라는 것도 역시 멈추었습니다. 이와 같이 이치로 관(觀)하는 '혜'와 '정'이 진실하며 있는 그대로 보게 합니다. 세존께서 항상 말씀하시는 이러한 참된 공한 법(空法)은 정말로 훌륭한 약(藥)일 것이옵니다.

부처님께서 말씀하셨다. 그러하니라. 왜냐하면 법의 본성도 공(空)하기 때문이니라. 공(空)의 본성은 일어남이 없는 것이어서 마음도 항상 일어남이 없는 것이니라. 공(空)의 본성은 소멸하는 것도 아니기 때문에 마음도 항상 소멸함이 없으며, 공(空)의 본성은 어느 곳에 머무름도 없기 때문에 마음도 머무름이 없고, 공(空)의 본성은 조작함이 없어, 의도할 바가 없는 무위(無爲)이며 마음도 역시 조작함이 없느니라.

이와 같이 공(空)은 나가고 들어옴이 없어서 모든 이해득실을 벗어났으니, 유전자의 무한 복제 프로그램의 작동체계인 5음 18계 6입 등이 모두 그 작용이 없게 되는 것이니라. 그렇게 존재의 실상을 알아 마음이 여여(如如)하여 집착하지 않으면 마음 또한 이와 같으리라. 지장 보살이여, 내가 '공'을 자꾸 말하는 것은 중생들의 어떤 것이 '있다는 견해'를 깨뜨리기 위함이니라.

회상 지장(地藏)은 지(地)자기장(場)이라는 종자가 있다고 비유를 하자. 여래장(如來藏)은 여래장(場)이라는 우주적 자기장이라는 종자로 비유를 하자. 지장은 (1)의 세계를 운용한다. 여래장은 (0)의 세계를 운용한다. 우리가 이 공부를 하는 것은 혜, 정, 비의 마음을 갖추기 위해서이다. 혜(慧)를 갖추면 (1)의 세계의 정체를 알게 된다. (1)의 세계는 본래 없는 것이다. (1)의 세계는 마치 꿈속과 같고, (0)의 세계는 꿈에서 깨어난 세계와 같다.

지장 보살은 아직 혜를 갖추지 못해 불생불멸의 (0)의 세계로 가지 못한 (1)의 세계의 생멸의 모든 존재에게 비심, 즉 자비의 원력을 세우고 있는 것이다.

95

지장 보살(地藏菩薩) 8-11

왜 지장 보살은
이렇게 자세히 묻고 또 물을까? - 2

지장 보살이 여쭈었다. 세존이시여, '있다는 것'은 실답지 않은 것이어서 아지랑이를 물로 착각하는 것과 같다고 알아야 할 것입니다. 그렇다고 '실함'이 없는 것은 아니기에 불의 본성이 나무에 있기는 하지만 나무를 서로 비비기 전에는 그 생함을 드러내지 않는 것같이 나무를 보면서도 불을 볼 수 있는 관자재보살처럼 모든 것을 관(觀)하면 이 사람은 슬기롭다 할 수 있겠습니까?

부처님께서 말씀하셨다. 그러하니라 .왜냐하면 이 사람은 참다운 반야행(般若行)을 하는 사람이며 인식의 강을 건너 조견의 바라밀다를 행하는 참된 관(觀)을 할 줄 아는 사람이라 할 것이니라. 그리하여 이런 사람은 '일심(一心)'의 적멸을 관찰하되 상(相)과 상(相) 아닌 것을 평등하게 공으로 취하였다 할 것이니라.

이 사람은 공(空)으로 공(空)을 닦으므로 자기 부처를 보는 데 실패

302

하지 않으며, 자기 부처를 보기 때문에 욕망의 흐름/ 있다는 흐름/ 무명에 흘러가는 흐름, 그 세 가지 흐름을 따라가지 않게 되느니라. 대승 가운데서 공해탈/ 무상해탈/ 무작해탈의 삼 해탈의 도 또한 그러한 것이니라. 공(空)도, 무상(無常)도, 무작(無作)도 하나의 '체(體)'로 그 자성이 없는 것이니라. 자성이 없기 때문에 공(空)하며, 공(空)하기 때문에 상(相)이 있다고 할 수도 없고, 있지만 없는 상(相)이기 때문에 '꾸밈'이 없으며, '꾸밈'이 없기 때문에 구하고 바라고 추구하는 것이 없으며, 추구하는 것이 없기 때문에 원하는 것도 없느니라.

이렇게 정업(正業)을 행할 바른 업(業)을 행할 줄 알기 때문에. 반드시 마음을 깨끗하게 할 수 있고 마음이 깨끗하게 할 수 있기 때문에 자기 부처를 보게 되며, 자기 부처를 보기 때문에 당장 정토(淨土)에 태어나게 되느니라.

보살아, 이 깊고 깊은 법에서 공상, 공공, 소공 그 삼공의 변화하는 이치를 부지런히 닦으면 '혜'와 '정'이 원만하게 이루어져서 욕계, 삼계, 무색계의 삼 세계를 뛰어넘게 되느니라.

회상 ▶ 우리는 지금 낮 꿈을 꾸는 중이다. 밤 꿈도 꿈을 꾸고 있는 중에는 잃은 것 없이 모든 것을 잃은 상태다. 자기가 누구인지? 집이 어디인지? 돈이 얼마가 있는지? 몇 살인지? 지금 자기가 어디서 잠이 들었는지? 를 다 잊어버리고, 잃어버리고 꿈속의 자기가 되어 있다. 낮 꿈도 마찬가지다. 낮 꿈은 깨닫지 못한 상태의 우리다. 우리는 낮 꿈을 꾸는 동안 깨달은 자기가 어디에 있는지, 무엇을 하는지, 얼마나 무한한 능력자이며, 필요한 것은 모두 조달할 수 있는 능력자인지를 모른 채 낮 꿈에 빠진 것이다. 깨달음이란 지금 이 세계가 낮의 꿈이라는 것이다. 이 낮 꿈에서 깨어나면 찾은 것 없이 모든 것을 다 찾게 되는 것이다.

그래서 우리는 지금 이런 공부를 한다. 필자는 '범소유상 개시허망'이라는 말을 낮 꿈속의 나에게 자주 들려준다. 경계를 대할 때마다. 공이기에 허망한 것이니, 약견 제상 비상으로 깨달아 있는 내가 낮 꿈의 나를 보는 것이다. 그 때 11차원이 완성이 된다. 지장보살은 이렇게 육체를 가진 존재와 영체를 가진 3차원 4차원의 (1)의 색에 빠진 존재들에게 그들의 본 바탕이 (0)의 존재라는 것을 알려 주기위해 일체 중생이 자신의 꿈에서 깨어날 때까지 부처가 되지 않기로 하신 분이다.

왜 지장 보살은
이렇게 자세히 묻고 또 물을까? - 3

지장 보살이 여쭈었다. 여래께서 말씀하시기를 '생(生)' 함도 없고 '멸(滅)' 함도 없는 것은 바로 "모든 법(法)은 항상 하지 않다."라는 '무상(無常)'을 말씀하시는 것이니라. 이 생멸(生滅)을 모두 멸(滅) 하여 모든 생멸을 다 멸(滅) 하고 나면 적멸함 속에 항상 있게 되고 적멸 상태가 항상 하기 때문에 모든 일에 단멸하지 않는다고 하셨습니다. 부처님께서 설하시는 이 단멸하지 않는 법은 모든 삼계의 움직이거나 움직이지 않는 법을 떠나서 있는데 뜻하고 의도하는 수많은 유위의 법이(有爲法) 작동되는 세상에서 불구덩이 같은 세상사의 어려움을 피하려고 한다면 어떠한 법에 의지해서 스스로 책망하고 경책하며 저 부처님의 법에 들어서겠습니까?

부처님께서 말씀하셨다. 보살이여,
인(因)과 과(果) 그리고 인과(因果)를 인식하는 식(識) 그 세 가지 중대한 일에 대해서 그 마음을 꾸짖고 책망할 것이며 보리심, 각성, 정

과 혜 그 세 가지 큰 진리를 항상 행함으로 부처님의 법에 들어가게
되느니라.

부처님에게 가장 중요한 티칭 포인트는 무아(無我)였다. 반면
에 지장 보살에게 가장 중요한 티칭 포인트는 무상(無常)이다. 중생
들은 경계 미혹에 빠져있다. 일단 자신이 있고 세계가 있다고 생각
하는 생각미혹에 빠진 3차원, 4차원 중생들에게는 모든 것이 변하
고, 늙고 죽고 하는 것이 가장 중요하다고 생각하기 때문이다. 심
지어 부루나 존자는 이렇게 생각했다. '그래 나는 없는 것이 맞다!
생각해보니 나는 아닌 모든 것으로 구성되어 있으니까. 그런데 내
가 죽으면 그 때는 저 산과 들과 산, 해, 달, 별이 모두 없어지는 것
은 아니지 않는가?'

부처님은 부르나 존자가 무슨 생각을 하는지 아시고 이렇게 답하셨
다. 산하대지도 영원한 것이 아닌 무상한 것이라고. 결국 부르나
존자는 무아도 정확히 깨닫지 못한 상태에서 그런 의문이 든 것을
아시고, 청정국토를 부루나 존자도 볼 수 있게 보여 주신다. 그리
고 부루나 존자의 앉아있는 자리가 연화대 위에 앉아있는 것도 부
루나 존자가 알고 보게 하신다. 낮 꿈의 부루나는 생멸에 있지만 잠
들기 전의 부루나, 낮 꿈에서 깨어난 부루나는 불생불멸의 자리에
여전히 앉아있음을 보여주는 것이다.

나중 설법제일 부르나 존자가 부처님에게 40여 년간 직접 대면지도를 받았음에도 이 정도로 자신과 세상에 대한 인식을 못하니 지장 보살이 얼마나 애가 타겠는가? 대원본존 지장 보살마하살. 아마도 신라, 고려, 수나라, 당나라 권력자들이 (0)의 법계와 (1)의 세계를 통합한 대력을 갖추어가는 화엄 사상에 겁을 먹고 앞장서서 탄압했었던 것이 당연할지도 모르겠다.

지장 보살(地藏菩薩) 8-13

왜 지장 보살은
이렇게 자세히 묻고 또 물을까? - 4

지장 보살이 여쭈었다. 어떠한 것을 세 가지 일로 그 마음을 꾸짖고 책망하는 것이라 하시는 것이고, 또 어떠한 것을 세 가지 진리의 한결같은 행으로 들어가는 것이라고 합니까?

부처님께서 말씀하셨다. 항상 스스로 책망해야 할 세 가지 중대한 일이란,
1. 위인(謂因) : 첫째는 인(因)이요,
2. 위과(謂果) : 둘째는 과(果)요,
3. 위식(謂識) : 셋째는 식(識)이니라.

이와 같은 세 가지 사(事)도 사람들이 이름을 그렇게 붙여 부르기는 하지만 본래부터 공(空)하여 '나'도 '참나'도 아니니 어찌 이런 따위에 애착하고 물드는 마음을 낸다는 말인가?

인(因), 과(果), 식(識) 그 세 가지 명색이 만든 사(事)에 얽매여 고해(苦海)에 표류하는 것이니, 이러한 일로 항상 스스로 꾸짖고 책망해야 하는 것이니라. 또 늘 여여하게 지켜야 할 세 가지 중대한 진리란

1. 첫째는 '보리의 도'이다 .이것은 평등한 진리이지, 불평등한 진리가 아니니라.
2. 둘째는 '큰 깨달음' 이다. 바른 지혜로 얻는 진리이지, 구하고 바라는 속인들의 삿된 지혜로 얻는 진리가 아니니라.
3. 셋째는 '혜와 정'이다. '진리와 결이 같은 행'으로 들어가는 진리이며 '사심과 속세의 마음이 섞인 잡스러운 행'으로 들어가는 진리가 아니니라.

'보리의 도', '큰 깨달음', '혜와 정' 세 가지 진리 또한 명색(名色)으로 공(空)임에 틀림이 없으나, 그 공(空)의 작용으로써 부처의 길을 닦으면, 이 사람은 이 법에서 바른 깨달음인 정각(正覺)을 얻지 못할 리가 없으리라. 바른 깨달음의 지혜를 얻어서 위대하고 지극한 자비를 펼치게 될 것이니 이렇게 하노라면 자신과 남을 함께 이롭게 하여, 부처의 깨달음을 성취하게 되느니라.

회상 한국의 많은 사람들이 아는 분의 이야기이다. 강원도 설악산 고성은 38선 이북이다. 밤에 기도를 하는데 온 몸에 부상을 입은

군인의 귀신이 나타났다. 그는 자신을 볼 수 있고, 자신과 말이 통하는 영적 능력자를 만나자 느닷없이 절을 했다고 했다. 왜 그러느냐고 했더니, 고향에 계신 어머니에게 소식을 전해달라는 것이라고 했다. 아니 몸도 없는 영체가 고향에 가서 그 쪽에도 영적 능력자가 많으니 거기 가면 되지 왜 고향에 안가고 여기서 배회하느냐고 물었다고 했다. 그 군인 귀신 왈 "38선이 막혀있는데 어떻게 갑니까?"

보통 제사상에는 복숭아를 놓지 않는다. 절에서도 복숭아는 잘 놓지 않는다. 그런데 신선들에게 올리는 공양물에는 복숭아가 반드시 들어간다. 왜 그럴까? 복숭아는 귀신을 쫓는 도구로 주로 사용되기 때문이다. 조상귀신이 오지 못한다는 것이다. 그런데 큰 절 제사나 신선들에게 올리는 복숭아는 무엇인가? 큰 신들이나 불보살 신장님들은 그런 인식을 넘어선 분들이기 때문이다. 이것이 식(識)이다. - 혜와 정에 가까이 갈 수 있다.

98

지장 보살(地藏菩薩) 8-14

왜 지장 보살은
이렇게 자세히 묻고 또 물을까? - 5

지장 보살이 여쭈었다. 세존이시여, 부처님께서 오늘 밝히신 이와 같은 법은 '인'과 '연'이 없는 법이옵니다. 만일 연(緣)이 없는 법일 것 같으면 인(因)이 일어나지 않을 것인데, 어떻게 움직이지 않는 법으로 여래에 들어갈 수 있는 것입니까?

그 때 여래께서는 이 뜻을 펴시려고 게송으로 말씀하셨다.

인과식이 발현하여 일체모든 법의모습
자성모두 공하여서 움직임이 없느니라.
본각의법 지금이법 불각으로 있다가도
지금이때 본래각성 시각으로 드러나네.
비록지금 시각으로 네자신이 깨어나면
지금여기 이곳에서 일어난듯 보이지만
이법에는 다른때가 있던것이 아니니라.

법은본래 다른때가 있는것도 아니어서
움직임과 부동함이 모두공적 하나니라
자성모두 공하여서 적멸함에 머무를때
이법그때 나타나서 모든상을 여의고서
고요하게 머물기에 연생연멸 없느니라.

연이생해 일어나는 모든법은 불생불멸
내보기엔 일어나되 일어남이 없느니라.
사람들은 연생연멸 연생연사 집착하나
나의법은 불생불멸 본래자성 없느니라.
연의자성 능연소연 일어남이 있다하나
연은본래 연생연기 일어남도 사라짐도
모두모두 정체없네 일어나는 모든법이
인연이라 할지라도 인연따라 생멸함은
생했다가 사라짐이 그본래가 없는걸세.
진여실상 나타남은 본래출몰 없지만은
모든법은 항상이때 자생출몰 하느니라.

출세지간 청정지법 결정일미 근본법은
어떤힘이 작용하여 생하는 것 아니나니
나중에야 얻게 되는 후득지로 깨어나면
지금얻은 이지혜가 없던것이 생겨나서

시각으로 얻은것이 아니었음 알게 되리
찾은지혜 알고보니 얻은것이 아니었고
본래지닌 본각지혜 불각에서 잠들었다
잠을깨어 본래지혜 눈앞에서 찾은걸세

그 때 지장 보살은 부처님께서 말씀하신 것을 듣고 마음자리가 상
쾌해졌고, 이 때 대중들도 의심하는 자가 없었다.

회상 이제 과(果)를 보자. 할아버지 할머니로부터 생각하면 필자의
아버지 형제는 3형제이다. 그리고 각 집에 아들 둘씩을 두었다. 그
리고 6 손자들에게 나온 증손자는 다 합해보아야 네 명이다. 그 중
에 조상 제사를 지낼지 안 지낼지 필자도 모른다. 우리 아들은 외국
에 가서 살려는 꿈을 가지고 있다. 한국에 산다고 해도 제사를 지낼
지 안 지낼지 알 도리가 없다. 그래서 필자는 제사를 바꾸었다. 나
의 대에서 조상들을 모두 깨닫게 하려고 한다.

그래서 조율이시, 홍동백서 좌포우혜를 다 버리고 육법공양을 한
다. 1. 초, 2, 향, 3. 맑은 물 한 잔 4. 꽃 일곱 송이, 5, 둥근 과일
3개, 그리고 하얗고 둥근 케익이다. 아이들에게도 말했다. 놀러
가건 이민을 가건 추석 설날 따지지 말고 그냥 그렇게 제사 지내면
된다. 실보다는 득이 많다. 업은 너희들 것이지만, 그 업에도 본주
본산 조상님의 공덕과 업이 있다. 몸인들 너희들 것이 무엇이 있느

냐? 난자와 정자도 엄마 아빠 것이고, 너희들 몸을 키운 것도 자연에서 밖에서 온 것들이다. 그래서 죽을 때 다시 밖으로 다 나가는 것들이다. 이런 조상들과 조상들이 가꾸어 온 자연을 제사라는 형식을 빌려서 그것을 느끼는 것 그것은 큰 깨달음의 기초가 된다. 그러면 그 과(果)는 실보다 득이 점점 낳아질 것이다

99

지장 보살(地藏菩薩) 8-15

중생위한 길을 찾은 지장 보살

그 때 지장 보살은 대중들의 마음을 알고 나서 게송으로 말씀을 올렸다

지장보살 아뢰나니 대중들의 마음속의
의심가짐 알았기에 간절하게 부처님께
질문올려 여쭸더니 여래께서 큰자비와
고마우신 마음으로 분별가진 우리들의
의심모두 남김없이 해소다해 주시었네.

이제모든 성문연각 분명하게 알았으니
사바세계 모든중생 깨우치고 교화함에
이내몸을 바치리라 부처님의 크신사랑
본래서원 버림없이 부처님의 한자녀로
사바세계 번뇌속에 머무르며 교화하리.

회상 마지막이 인(囚)이다. 필자는 인도네시아 보르부드르에 10번 이상 갔다. 가서 부처님 연화대도 놓아드리고 회원들 일체 조상님을 모시고 가서 육법공양도 올린다. 꽤 영적 신적 능력이 출중한 분이 내게 항의성 질문을 했다. "우 선생 귀신은 바닷물이 소금물이라 외국으로 가고 오지 못하는데 외국 가서 조상님들 공양 올리면 조상들 못 따라 가는데 왜 헛돈 쓰십니까?"

또 한 번은 같이 공부하시는 분들과 베트남의 향산 향사에 참배가려고 했을 때이다. 같이 공부하시는 분이 나에게 말했다. '산신님들이 같이 가시고 싶어 하시는데 가서 길 잃어버리면 어떻게 하냐고 물어보시는데요? 했다. 조금 화가 났다. 아니 그런 무식한 산신들이 산왕대신 소리를 듣고 있어? 휴~~~ 그래서 내가 "지방(紙榜)에 산신님들 존함을 써서 잘 가지고 갈 테니 거기에 같이 오라고 하세요"! 그랬더니. "우리가 귀신이냐? 지방에 우리 이름 쓰게? 부처님 오신 날 사람들이 들고 다니는 연꽃에 우리 이름 적으면 비행기 타고 따라 가겠다"라고 대안을 주신다고 통역사가 말했다. 그렇게 하시라고 했다. 사실『능엄경』에 의해도 우리나 영혼들이나 사실은 다 연화대 위에 앉은 채 잠이 들어 있는 것이니, 좋은 생각같이 들렸기 때문이다. 거 산신님들 좀 무식해도 챙길 것 챙길 때는 다 찾아 챙기시네. ㅎㅎㅎ

앞으로 그런 일이 또 있다면 나는 또 그렇게 할 것이다. 그렇게 해서라고 그 분들의 걱정 두려움 판단이 허상임을 알게 하고, 그렇게 해서라도 복(福)을 지으면 그것이 인이 되기 때문이다. 부처님은 자신의 행동의 인이 가장 심각하게 스스로 책망해야 할 것이라고 말했다. 그것이 보리도의 시작이기 때문이다. 이제 우리는 자신의 인식체계 그 식(識)이 사실이 아님을 알아야 한다. 그리고 좋은 과(果)를 만들어내야 한다. 그리고 그렇게 하는 인(因)은 반드시 보리심이어야 한다. 지장 보살님처럼~~

Part 7

금강삼매경의
효용

❋ 지경공덕품(持經功德品)

이 경을 만나 생활에 사용하는 사람의 공덕

대승의 결정력을 향하여

그 때 여래께서 대중들에게 말씀하셨다. 이 보살은 불가사의하구나. 항상 큰 연민의 마음으로 중생의 괴로움을 뽑아 주는구나. 만일 어떤 중생이 이 경전의 가르침을 받아 지니거나 이 지장 보살의 이름을 지니면 악취(惡趣)에 떨어지지 않고, 일체의 장애와 액난 등이 모두 말끔히 사라지게 되리라. 만일 어떤 중생이 무념(無念), 무사(無事), 무여(無□)하는 마음으로 다른 잡념 없이 일심으로 이 경전을 염송하고, 지금 내가 전해준 법대로 여법하게 닦아 익혀나가야 할 것이니라

그 때 지장 보살이 항상 진신의 변화된 몸인 화신(化身)을 나투어 그런 사람들을 위해 법을 설하여주고 그 사람을 옹호해주기를 끝끝내 잠시도 버리지 않을 것이며 결국 그 사람들이 그 호랑이의 정체를 알아 아뇩다라삼먁삼보리를 조속히 얻게 하리라. 그러므로 너희들 보살들도, 만일 중생을 교화하고자 한다면 모두 지장 보살의 가르

320

침을 잘 배우고 익혀 이와 같은 대승의 결정력을 득할지어다.

회상 생각해보면 65세가 되도록 '무아(無我)' 그것하나 몰라서 그렇게 쓸데없이 고생만 했다. 무아를 자기가 자신에게 확실하게 가르치지 못한 채로, 말이 쉽지! 무념, 무사, 근심 따위는 안하는 무려! 근심거사 걱정공주들에게는 쉬운 일이 아니다. 필자가 그랬다. 지혜는 무아를 확실히 자각하면서 생긴다!

누차 이야기 하지만, 나에게는 내 것으로 만든 것이 하나도 없다. 난자도 엄마 것, 정자도 아버지 것, 그것에 이 것 저 것 뼈와 살과 혈액과 호흡과 신경 등이 증가해가며 나의 몸이 만들어진 것이다. 그런데 나이가 들어가며 체중도 줄고, 뼈도 약해지고, 형광도 신경도 모든 것이 활동력이 감소해간다. 어느 날 사라지겠지. 이것을 모르는 사람은 단 한명도 없다. 그런데 우리는 무슨 근거로 내가 있다! 라고 하는 것일까? 영혼(靈魂)이? 그렇다. 영혼은 (0과 −1)인 상태이다. 왜 (−1) 인가? (1)이 없으면서도 (1)에 여전히 중독되어 있는 상태이기에 그렇다. 술 중독, 마약 중독, 담배중독, 도박 중독처럼 중생들은 각자의 삶에 중독되어 깨어나지 못한 채로 존재한다. 노력하지 않고 중독을 벗어나기는 힘들다. 하지 말아야지, 하면 안 되는데. 하면서도 계속하는 것이 중독이기 때문이다. 부처님이 법을 주어도 스스로 노력하지 않으면 벗어날 길이 없다.

이 경의 이름은 불가사의 경

그 때 아난이 자리에서 일어나 부처님 앞에서 여쭈었다. 여래께서 말씀하신 '대승의 복력을 다 누리게 하는 이 경전'은 세세생생 지어 온 '업의 그물'을 끊고, 자신의 서원대로 '자신이 삶을 결정하는 힘'이며 태어남이 태어남이 아니고 죽음이 죽음이 아님을 깨닫는 이익을 갖게 되니 불가사의할 뿐입니다 .이와 같은 법은 '무슨 경'이라고 불러야 하며, 어떤 중생이 있어 이 경전을 받아 지니면 얼마만한 복을 얻겠습니까? 원컨대 부처님께서는 자비로써 저희들을 위해 말씀하여 주십시오.

부처님께서 말씀하셨다. 선남자여, 이 경의 이름을 불가사의(不可思議)경이라고 하는 까닭이 있느니라. 그 이유는 과거에 모든 부처님께서 보호하고 항상 챙기신 가르침이며 능히 여래의 일체지(一切智)의 바다에 들어갈 수 있게 하는 경이기 때문이니라.

회상 도박, 마약, 담배, 술, 거짓말 등등 하면 안 되는 줄 알면서도 그것을 계속하는 사람들은 왜 그럴까? 마음이 허(虛)해서이다. 그 마음이 확실한 희망과 확신이 생기면 한 방에 싹 끊을 수 있다. 100억 있는 사람이 100만 원짜리 도박을 하겠는가? 10억 있는 사람이 100만원 있다고 거짓말을 하겠는가? 하고자 하는 일도 그 일 자체가 즐거운 자신이 왜 마약이 필요해서 환영을 만들어내겠는가? 술과 담배는 일종의 기호식품이기에 계속 할 수는 있다.

부처님은 지금 우리가 불가사의한 복과 덕을 누리게 되는 법을 말하심으로 희망을 심어주시는 것이다.

102

지경공덕품(持經功德品) 9-3

지장은 사법계요 여래장은 이법계다. 이사무애

만일 어떤 중생이 이 경전을 지니면 팔만대장경의 다른 경전 속에서 바라거나 찾을 것이 없느니라. 이 경전의 법은 많은 법을 모두 지니고 있으며, 팔만사천대장경의 핵심요지를 포용하고 있으며 모든 경전의 가르침을 일미의 법의 핵심으로 묶은 것이니라.

그리하여 이 경전의 이름은 모든 대승의 가르침을 통섭한다고 하여 『섭대승경'(攝大乘經)』이라 부르며, 또한 빛나는 지혜와 견고한 확신의 깨달음으로 밝게 본다고 하여 '금강삼매'(金剛三昧)라고도 부르며, 또한 법계의 모든 존재의 실상을 그 근기(根氣)에 따라 무량한 의도와 방법으로 이끈다고 하여 「무량의종(無量義宗)」이라고도 부르느니라.

만일 어떠한 사람이 이 경전을 받아 지니면 수십만의 가지가지의 부처님을 받아들여 모시는 것이라 말할 수 있는 것이니라. 이러한 공덕은 비유하자면 허공처럼 끝도 없이 그 한계가 없어서 도저히 중생들의 생각으로는 헤아릴 수 없게 되느니라. 그리하여 내가 너희들에게 믿고 부촉할 것은 오직 이 경전–『금강삼매경』뿐이니라.

회상 한국인들은 바위틈에서 자라나는 소나무와 같다는 생각을 많이 한다. 어찌되었건 살아야하기에 이리 비틀 저리 비틀하면서도 참 힘겹게 자란다. 지금 세상은 북한, 중국, 러시아의 삼각구도와 한국, 일본, 미국의 삼각구도가 대치하고 있다. 한국으로서는 위대한 기회이기도 하지만 자칫하면 위험해지기도 한다. 소비에트연방이 무너지고 전 세계가 중국 사람에 푹~ 빠져 있을 때도 한국은 북한 때문에 전쟁준비를 한시도 게을리 할 수 없었다. 그러다가 러시아와 우크라이나 전쟁이 터졌다. 정신 줄 놓고 살던 유럽과 러시아, 그리고 미국도 무기와 탄약이 고갈되었다. 그런데 알고 보니 한국이 모든 것을 다 갖추어놓은 나라가 아닌가? 중국과 러시아와 북한이라는 거대한 땅덩이를 가진 나라들과 힘을 맞추려니 미국과 유럽은 G7이 다시 뭉쳤다. 그런데 G7 국가 중에 독일, 이탈리아, 일본은 과거 한 번 큰 사고를 친 나라들이다. 영국은 너무 늙었고, 캐나다는 등 따시고 배부른 사람들이다. 프랑스는 좀 삐딱한 나라라 믿을 수도 없다. 미국이 믿을 나라는 오직 한국뿐이다. 한국은 (0)과 무한대 사이에 있는 (1)과 같은 처지다. 하나가 바로서면 전 세계가 살 길이 열리고, 그 하나가 바르지 못하면 전 세계가 불더미가 될 수도 있다. 인공지능이 아무리 발전해도 소용없다. 인공 지능을 넘어서는 지혜가 이런 문제를 해결할 것이다. 대승의 힘으로, 삼매의 힘으로 무량한 사람들의 의도를 다 포섭하면서 길을 가야한다. 그래서 여래가 호념하시고 이런 일을 부촉하셨나보다.

103

지경공덕품(持經功德品) 9-4

최소 10억 명에게 이 법을 전하기 위해…

아난이 여쭈었다. 이제 저희들은 어떻게 마음을 써야 하며 어떠한 사람들이 이 불가사의한 공덕의 경전을 받아 지니게 되는 것입니까?

부처님께서 말씀하셨다. 선남자여, 이 경전과 인연이 되어 이 경을 받게 되는 사람은 아무나 그러한 인연이 주어지는 것은 아니니라. 이 경전과 인연이 있는 사람은 모든 것의 본질이 (0)임을 이미 깨닫거나, 장차 깨달을 사람들이기에 마음에 사람들이 추구하는 어떤 것에 대한 얻고 잃음이 없으며, 하늘 사람처럼 범행(梵行)을 닦느니라.

그들은 사람들과 신들과 더불어 현상세계에서 있고 쓰는 모든 일에 대해 희론(戲論)을 하더라도 마치 연꽃처럼 항상 현상에 오염되지 않은 청정한 마음으로 즐길 뿐이니라. 세상 사람들 속에서 사람들과 어울리더라도 그 마음은 현상세계에 휘둘리는 들뜸이 아니라 항상 본질이 (0)임을 알기에 '정'(定)에 있으며, 굳이 집을 떠나 육신이 출가하지 않고, 세상일에서 재가자, 재가여인으로 머물러도 몸, 돈, 명예 등이 실재한다는 유(有)에 집착하는 유병(有病)에 걸리지 않느니라.

이 사람들은 몸 가지고 사는 현세에 다섯 종류의 복(福)이 함께 더불어 있으리니,
첫째, 대중들의 존경을 받으며,
둘째, 몸으로는 횡액과 요절하는 일이 없으며,
셋째, 그릇된 이론을 잘 변별하여 대답하고,
넷째, 기꺼이 아직 법계의 이치를 모르는 신과 사람들을 제도하며,
다섯째, 능히 일체지를 깨닫는 성스러운 길에 들어갈 수 있느니라.
그렇게 될 인연이 있는 사람들만이 경전을 받아 지니게 되느니라.

회상 모든 경전에 이러한 경전 수지의 가피가 있지만, 이 경전의 가피는 스스로 믿을 수가 있어서 『금강삼매경』을 공부하며 하나의 서원을 세웠다. 페이스북의 회원 수는 27억 명이다. 왓즈 앱은 20억 명이다. 그러나 나는 이 경전 도반이 저렇게 다섯 가지 복을 가진 사람들이기에 조촐하게 10억 명의 사람들에게 이 『금강삼매경』의 가르침을 전할 서원을 세웠다. 최소 10억 명이 금생에 받은 몸으로 자신이 해야 할 일을 하며 마음으로나 경제적으로나 행복한 금생의

삶을 누리게 하기 위해서이다. 지장과 여래장을 공부하면 그렇게 된다. 왜냐하면 한 사람의 마음이 10억 명의 마음이며, 한 사람의 몸이 10억 명의 몸이기 때문이며, 한 순간의 생각이 수만 억겁의 생각이기 때문이다. 일체 세계가 우리 조그만 사무실의 한 티끌에 들어가고, 한 티끌 같은 이 사무실에서의 세계가 일체세계에 들어간다. 일체 음성이 한 음성에 들어가고 한 음성이 일체음성에 들어가기에 블록체인과 유튜브 등으로 얼마든지 가능할 것이다. 같이 이 일을 하는 사람들에게 돈이 문제가 되랴? 건강이 문제가 되랴?

104

지경공덕품(持經功德品) 9-5

돈 걱정은 할 필요도 없다. 심보로 11차원이 완성된다

아난이 여쭈었다. 그러한 사람은 모든 중생을 제도하면서 신(神)과 사람들의 공양을 받게 되는 것입니까? 그렇지 않습니까?

부처님께서 말씀하셨다. 이러한 경전을 받아 공부해 지니는 사람은 일체 중생들을 위하여 큰 복(福)밭이 될 수 있는 존재들이니라. 이들은 이제 항상 위대한 지혜를 실행하면서 아직 이들처럼 깨닫지 못한 중생들을 위해 그들이 받아들일 수 있는 '방편'과 진실의 '실제 진여'를 함께 사용할 존재들이니, 이러한 사람은 중생들에게 신뢰를 받아서 중생들의 의지의 대상이 되는 네 가지 종류의 큰 스승 중 하나인 '몸 가진 인간으로서의 만나기 힘든 스승'이 될 터인데 그들이 필요한 가지가지의 공양(供養)을 받을 것인데 심지어 육신의 오장육부 및 머리, 눈, 골수까지도 다 공양 받을 수 있을 것이니라. 그런데 하물며 먹고사는데 필요한 의, 식, 주 따위를 공양 받지 못하겠는가?

선남자여, 이러한 사람은 모든 유병(有病)에 걸린 존재들을 이쪽 세계에서 저쪽 세계로 건너 줄 교량이 될 터인데 어찌 하물며 범부들이 이 경전을 수지하는 사람들을 공양하지 않겠는가? 이들은 장차 아무런 육신을 가진 존재로서 부족함 없이 지내게 될 것이니라.

회상 간, 심장, 비장, 폐, 신장은 음의 오장(五臟)이다 그리고 담, 소장, 위장 ,대장, 방광은 양의 오장 즉 오부(五腑)라고 한다. 그러면 왜 오장 육부라고 할까? 눈에 보이지 않는 심보(心布)가 포함되어 육부가 된다. 이 오장 육부에서 10개는 지장(地藏)에서 만들어 진 것으로 이루어져 있다. 그러나 마지막 1부인 심보가 문제이다. 심보는 심보이다. 이것은 원래 여래장(如來藏)의 청정한 심보이지만, 오염이 되고 업에 중독이 되어 착한 심보이다. 이 심보를 맑히면 11차원이 완성이 된다. 돈은 11차원에 존재하는 것이게 돈 걱정은 할 필요가 없다. 튜닝만 잘 하면 된다. 처음부터 쉽지는 않을 것이다. 그래서 동안거에 축기를 하고, 하언거에 그 기운을 쓰면서 청정행을 하는 것이다.

오장육부의 장(臟) 사이에는 눈에 보이지 않는 필드장(場)이 생기기 마련인데, 그 장에서 일어나는 연기적 관계가 업의 매트릭스이다. 이 업의 매트릭스는 상생 상극, 그리고 상보 보사의 작용이 일어난다. 이 작용이 불성이다! 이 작용의 주체가 여래다. 이것을 알면 업의 매트릭스를 벗어나 여래 매트릭스의 모든 것을 당신이 쓸 수가

있다. 이것은 심보가 문제이다. 심보는 심보이다. 수지할 인연이
있는 복 있는 분들과 공유한다면 무엇인들 못할까?

105

지경공덕품(持經功德品) 9-6

우리도 응공(應供)이 되는 이유

아난이 여쭈었다. 이 경전의 가르침을 몸과 마음과 행동으로 수지하고 있는 그런 사람들에게 공양을 올리면 얻게 되는 복(福)이 큰 복을 얻겠습니까?

부처님께서 말씀하셨다. 만일 어떠한 사람이 금과 은으로 성을 가득 채워서 그렇게 보시하고 받는 복이 있다고 할지라도, 『금강삼매경』을 수지하고 있는 사람들에게서 이 『금강삼매경』의 경전에 있는 하나의 「4구게(句偈)」를 받아 지니는 것만 못하리니, 이 경전과 인연이 있어 받아 수지한 사람에게 공양하는 것은 상상도 할 수 없는 불가사의한 복이 있게 되느니라.

선남자여, 그러한 연고로 모든 중생들이 이 경전을 마음으로 지니게 해서 사람들 마음이 항상 정(定)에 있게 하여 본심(本心)을 잃지 않게 해야 하느니라. 만일 본심을 잃게 되는 일이 생긴다면 마땅히 바로 뒤돌아보아 참회할 것이니. 참회의 법도는 맑고 시원하여 다시 그 사람이 맑고 청량한 법을 지니게 되는 것이니라.

회상 아나타핀티카 존자는 부처님의 법을 듣고 너무 좋아서 출가를 하려고 했다. 그러나 부처님은 출가를 받아주지 않았다. 너는 계속 재물을 벌고 모으는 일을 하라! 너는 그렇게 하면서도 너를 위태롭게 하지도 않고 남을 해하지도 않느니라. 그래서 아나타핀티카는 열심히 부처님께 온갖 재물을 다 공양했다. 그렇게 너무 열심히 보시를 하다가 보니 어느 날 집안에 제물이 하나도 없게 되었다. 그래서 그는 자기 집의 흙을 파서 수레에 싣고 부처님께 공양을 올리려 했다. 사람들이 물었다. "당신 스승은 흙도 공양을 받으시오?"

아나타핀티카는 말했다. 그는 흙을 받으시는 것 같이 보이지만, 나의 마음을 받으시는 것이라오.

그러던 어느 날 아나타핀티카 집의 가택신이 이러다가 집안 재물이 다 거덜이 나겠다고 싶어, 존자 앞에 화현을 했다. 주인이시어. 부처님이 아무리 좋다고 하지만 이러다가 조상 대대로 모아온 재물이 다 거덜 나겠소! 이제 그 정도면 되었으니 조상들 체면을 생각해서 그만두시오! 라고 했다.

아나타핀티카는 버럭 화를 내었다. "이런 버르장머리 없는 가택신 같으니라고. 너는 당장 내 집을 떠나거라!" 졸지에 거처를 잃게 된 가택신은 어디 가서 자신의 억울함을 하소연 하고 싶었으나 욕심을 내려놓은 아나타핀티카에게 감히 벌을 주거나 충고를 할 수 있는 역량과 자격을 가진 신들이 없었다. 할 수 없이 옥황상제에게 가서 억울함을 호소하니, 옥황상제는 이렇게 말했다.

몇 해 전 큰 홍수가 났을 때 그 집 재물이 떠내려가서 항하강 어느 곳에 묻혀있으니 그 재물을 찾아 아나타핀티카 존자에게 공양을 올리시어 용서를 받으라고 귀뜸 해주었다. 이에 자신감을 얻은 가택신은 그 사실을 알려주었다 주인님의 몇 대 조 할아버지 시절의 재산이 지금 어디 어디에 있으니 찾아서 하시고 싶은 일을 하시라고 했다. 아나타핀타카 존자는 가택신의 그 공양을 받고 몹시 기뻐했다. 아나타핀티카는 그렇게 공양을 받은 적이 있다. 우리도 조상님들이 공양을 받는 날이 있을 것이다. 더 나아가 화엄성중님들의 공양을 받게 될지도 모른다. 그 분들이 너무나 필요한 깨달음의 눈을 열어주면. 그 분들에게 세속의 돈이나 재물쯤이야 무슨 문제가 있겠는가? 필요하다고 말을 안 해도 다 가지고 온다. 필요하지도 않으면서, 어디다 쓰지도 않을 것이면서 자랑하고 무아가 아닌 강아가 되기 위해 10억 100억 갖게 해달라는 그 정도는 넘어선 분들 아니신가,

106

참회진언 한다고 참회가 되는 것이 아니다

아난이 여쭈었다. 앞서 지은 죄(罪)를 참회한다는 것이 그 사람이 과거로 돌아가게 해서 그 죄를 없앤다는 것은 아닐 것 같습니다.

부처님께서 말씀하셨다. 그러하니라. 마치 과거 오랫동안 어두운 방이었을지라도 만약에 밝은 등불을 켜게 되면 어둠은 바로 없어지는 것과 같으니라. 선남자여, 그러나 알아야 하느니라. 나는 지금 앞서 지은 모든 죄를 입으로 혹은 마음으로 참회한다고 말했다고 해서 과거로 돌아가 앞서 지은 모든 죄가 없어진다고 말하는 것은 아니니라.

회상▶ 꼭 그런 것은 아니지만, 일반적으로..
7살 이전에는 삼배만하며 참회를 해도 용서받는 경우가 많다.
15세 이전에는 자신이 자신의 잘못을 반성문만 써도 참회가 된다.
21살 이전의 잘못은 절에 가서 108배 한 번만 해도 참회가 되기도 한다.

그런데 30살까지는 108배 21일, 49일, 100일은 하여야 풀리는 경우가 많다.

50살 이전이라면 3000배로 풀리기도 한다. 필자도 그랬다. 매일 3000배씩 3일, 그렇게 2년을 했다.

그런데 50살이 넘으면 1만 배를 해도 아마도 용서받지 못할 것이다.

방법이 없을까? 있다!

107

지경공덕품(持經功德品) 9-8

아난이 여쭈었다.
그럼 어떻게 하는 것을 참회라 합니까?

부처님께서 말씀하셨다. 이『금강삼매경』의 가르침에 의거하여 진실관(眞實觀)에 들어가야 참회가 되는 것이니 한 번 들어가 관(觀) 할 때에 모든 죄가 사그리 없어지고 모든 바르지 않은 취미를 좋아하던 것을 떠나 즉시 자신의 마음에 정토(淨土)가 만들어져 최고 최상 지존의 지혜인 '아뇩다라삼먁삼보리'가 속히 성취할 것이니라.

부처님께서 이 경을 말씀하시기를 마치시자 이때 아난존자와 모든 보살들, 그리고 남녀 스님들과 남녀 재가자들 모든 사부대중들은 모두 크게 기뻐하면서 마음이 '끌려가는 삶'을 벗어나 '삶을 결정하는 힘'을 얻게 되어, 이마를 조아려 부처님의 발에 예배하며 환희하면서『금강삼매경』을 받들어 행하였다

회상 진실관(眞實觀)에 들어가는 참회법

1. 무아(無我) 그 하나를 몰라서 얼마나 고생을 했던가?

   신상미혹 탈출 : 내 몸에 내가 본래 갖고 온 것이 단 하나라도 있나? 가지고 갈 것이 단 하나라도 있나? 엄마의 난자와 아버지의 정자에 자연과 산하대지의 산물에서 나온 음식과 공기와 물과 바람으로 나의 몸이 된 것이다. 모두 목기, 화기, 토기, 금기, 수기의 물질들이다

2. 무상(無常)임을 모르고 헛짓을 얼마나 했던가?

   경계미혹 탈출 : 얼마나 젊음을 채우고, 얼굴을 가꾸고, 재물과 학벌과 인맥을 채우고 가지려고 했던가? 목적지에 도착하는 날은 빈손이 됨을 알면서, 그 과정에 필요했던 것도 아니면서, 그냥 목기, 화기, 토기, 금기, 수기의 물질들 간의 관계가 상극인지 상생인지도 모르면서 무조건 당기려고만 했다.

3. 고(苦)생을 사서 했다. 내 담당 일인지, 내 담당 아닌 일인지도 모르고 마치 봉사처럼.

   생각미혹 탈출 : '업'에서 나온 생각인지도 모르고, 자기 생각대로 다들 살아왔다. 그리고는 남 탓을 하며 분해하고 원망하고, 두고 보자 하면서 복수까지 꿈꾼다. 불교신자라면 깨달음은 못 얻었어도, 자업자득의 인연소치(因緣所致)는 알지 않았는가? 소치(所致)란 무엇인가? 인연으로 도달한 바! 라는 소리다. 내 '인'과 '연'으로 이렇게 된 것을 왜 남을 탓하는가? 부끄러운 일이다.

결론: 11차원의 숨어있는 차원이 마음 보따리가 있는 차원이다. 알만큼 알았으니 자신의 행동과 말과 생각을 진실하게 뒤돌아 보자.

무아(無我) 무상(無常) 고(苦) ; 부처님의 '삼법인(三法印)'도 무시하면서 살아온 사람을 참회하는 것이다. 그리고 옥수 한 잔 앞에 놓고, 일체 조상님들과 화엄신중님들과 같이 신상미혹, 경계미혹, 생각미혹을 벗어나면 된다.

참회문은 이렇다!

1. 잘못했습니다
2. 몰랐습니다
3. 용서해주십시오
4. 이 가르침을 일체 중생들에게 조상님들에게 만나는 인연에게 널리 전하여 그들이 나의 실수를 많이 하지 않도록 깨우치겠습니다!

『금강삼매경』을 마치며

하다가 보니 108에서 하나가 미제(未濟)인 107회로『금강삼매경』을 마칩니다. 그것이 법계의 살림살이겠지요. 너무나 감사드립니

다. 저의 부족함을 각자 발견하시고 찾으시어 108 참회를 완성하
시기를 바랍니다.

해설 금강삼매경

2023년 9월 5일　초판 1쇄 발행

지은이　우승택
펴낸이　이규만
디자인　B&D
펴낸곳　불교시대사

출판등록　1991년 3월 20일 제300-1991-27호
주소　(우)03149 서울시 종로구 인사동 7길 12 백상빌딩 1305호
전화　02 · 730 · 2500
팩스　02 · 723 · 5961
이메일　kyoon1003@hanmail.net

ISBN　978-89-8002-182-6　　03220